（第 2 版）

Accessing the Curriculum
for Learners with Autism Spectrum Disorders:
Using the TEACCH programme to help inclusion（2nd Edition）

孤独症谱系障碍学生课程融合：
应用TEACCH助力融合教育

[美] 加里·麦西博夫（Gary Mesibov）
玛丽·霍利（Marie Howley） / 著　于松梅　曾刚 / 译
西格妮·纳福特（Signe Naftel）

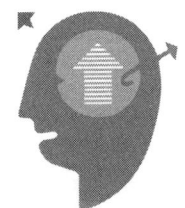

华夏出版社
HUAXIA PUBLISHING HOUSE

献给特里·阿诺德（Terry Arnold），他为全球孤独症人士的生活改善作出了重要贡献，尤其在英国引入 TEACCH 理念方面扮演了关键角色。

目 录

中文版序 ·· 1
前　言 ·· 1
致　谢 ·· 1

第一章　孤独症谱系概述 ·· 1
第二章　结构化教学作为教育方案的基础 ································ 7
第三章　孤独症谱系障碍学生课程融合面临的挑战 ······················ 19
第四章　物理环境结构化：理解教室的意义 ···························· 31
第五章　可视化日程表：发生什么事情 ································ 57
第六章　工作系统：组织和条理化 ···································· 95
第七章　视觉信息：增补含义 ·· 129
第八章　综合阐述 ·· 183
第九章　结构化教学与其他策略结合：促进课程融合 ·················· 191

参考书目 ·· 223
译后记 ·· 225

中文版序

《孤独症谱系障碍学生课程融合：应用 TEACCH 助力融合教育（第 2 版）》这本书现已译成中文，即将在中国出版发行，这是多么美好的一桩事情啊！在我访问北京的时候，我遇到了自 20 世纪 90 年代初就将我们的 TEACCH 方法引进中国的很多人，其中就包括孙敦科教授。虽然那次我没能见到杨晓玲教授，但我知道孙敦科教授和杨晓玲教授是最早在中国推广采用 TEACCH 方法的推动者，他们在 20 世纪 90 年代初便将心理教育量表（PEP）评估工具引进中国。因此，我很荣幸受邀在北京大学第六医院主办的培训班授课。

如今看到这本书的中文版即将在中国面世，我感到非常兴奋。我深知在中国，在此书之前，人们对 TEACCH 已经有所了解，并运用得很好。我现在的希望是，这本书将对中国读者扩展他们对 TEACCH 的知识，提供他们更加有用的策略方面发挥应有的作用。的确，我在中国见到的研发小组的成员们，他们充满了活力、热情、拥有非凡的技能。尤其令我印象深刻的是，在我观看和与专业人员及家长讨论有关 TEACCH 的时候，明显地感到他们对 TEACCH 的各种策略有着透彻的了解，并热衷于这些方法。我认为这本探讨 TEACCH 方法和策略的新书将会在中国引起热烈的反响。

TEACCH 的策略与方法尽管非常有效，且已在中国实施得非常踊跃，但对于不熟悉此方法的新手来说，这本新书将是最受欢迎的，也将给中国基于

TEACCH策略而展开的干预项目带来更多的效益。我认为这本书将对所有对TEACCH感兴趣,想要学习更多有关TEACCH方法的人们和实施者们有所助益。特别是,近年来由于中国政府已经推行了融合教育,因而我希望这本书的出版也会给融合班级中工作的教师们带来切实的帮助,使所有的儿童都能融在一起而有效地学习。这本中文版著作将对中国及全球的许多孤独症儿童干预项目产生非常积极的影响。

我热切地盼望这本书的出版,期待TEACCH在中国后续实施的具体实践。这本书是延续中国大陆25年前开展的TEACCH工作的重要一环。我很高兴这本书能成为这一发展旅程的一部分,我也很荣幸曾有机会前往北京讲学,并遇到了在过去20年里对开展此项工作起到至关重要作用的一些人。

前　言

如同本书第 1 版所表达的，第 2 版的出版受到了许多专业人士的鼓舞，他们都以 TEACCH 总部的结构化教学策略作为对孤独症友好的最佳实践方式（autism-friendly good practice）的重要组成。同样，第 2 版既不是有关 TEACCH 总部的手册，也不涉及如何实施结构化教学的内容。相反，本书阐明了我们在如何应用结构化教学策略推进孤独症谱系学生实现其教育目标及优先发展目标上所做出的努力与尝试。由于不断有读者要求对使用该方法的合理性予以回答，因此，本书第 1 版主要集中在如何采用结构化教学策略使学生们可以融入英国国家课程的学习。从那时起，我们已清楚地看到：第 1 版案例研究中所阐释的基本原理同样可以应用在各种不同的课程之中，而不是只针对任何一种特定的课程。此外，由于教育实践者和家长们发现了结构对于孤独症人士的生活具有重要意义，因而也使结构化教学可以在全球范围内得以持续地广泛传播。

新版中增加了在美国北卡罗来纳州、丹麦、印度等地实践结构化教学的三组案例。这些新增的案例研究向人们展示了无论学生学习的是何种课程，结构化教学都是一种有效的教学策略，可以使学习者实现课程学习的融合。新案例展示了使用结构化教学所取得的进展，包括应用新科技呈现结构的示例。此外，还有一例个案是关于高年级学生如何应用结构化教学实现对职业课程的融合学习。本书第四至七章都有案例研究，具体解释如何实施结构化的物理环境、日程表、工作系统和视觉化信息等结构化教学的要素，以促进课程的融合，实现有意义的学习。

除了增补新的案例，我们还新增了最后一章内容，进一步思考结构化教学如何能与其他教育方法相结合，从而反映在教育孤独症谱系障碍学生的真实世界中所采取的兼收并蓄的混合策略。这一章将阐述结构化教学如何提供一个框架，使其他方法可以在此框架内依据学习者的实际需要而得以实施应用。

整本书，我们都在使用孤独症谱系障碍（ASD）这个术语来描述我们的学习者群体，学习者的程度从伴有严重的学习障碍到有中等或中等以上的学业能力不等。采用这个术语与我们认为孤独症是一个程度由轻到重的障碍连续体（涉及社会交往问题、沟通困难、行为兴趣及活动方面局限和重复），而不只是单一、限定性的发育障碍有关。本书也突出反映了结构化教学之所以成为有效策略而不可或缺的优点和特色。我们使用了编辑特权，以"他"来指代我们的 ASD 群体，也以此反映孤独症男性比女性明显高发的事实。

我们真诚地希望新版可以对许多朋友、同行、家庭以及对此领域感兴趣的人们有切实的帮助。

致　谢

如同第 1 版所表述的那样，如果没有众多具有奉献精神的人们出手相助，很难想见这本书可以付梓出版。我们由衷地感谢那些奉献者，他们放弃了宝贵的时间，有时也奉献了班级里的故事，为我们提供具体实例，描述他们的专业实践。特别要感谢曼西·巴格威（Mansi Bagwe）、凯茜·赫西（Kathy Hearsey）以及苏珊·维特费尔特（Susanne Hvidtfeldt），她们慷慨地付出了时间和耐心与我们研讨，成就了本书富有特色的案例研究部分。

最后，特别感谢那些孤独症儿童、青年及其家庭，是他们确保我们可以充分地了解结构究竟在何时发生作用。

案例研究的贡献者

曼西·巴格威，英国文学硕士，印度特伦甘纳邦孤独症研究与教育中心（Care4Autism Center）及孤独症友好学校（Autism Friendly School）主任

凯茜·赫西，教育学硕士，美国北卡罗来纳州 TEACCH 孤独症项目培训部助理主任

苏珊·维特费尔特，作为教师自 1985 年起在孤独症领域工作，现任丹麦奥胡斯市朗加戈斯科伦特殊学校（Langagerskolen Special School）顾问

北安普敦郡绿橡树小学（Green Oaks Lower School）特教部

北安普敦郡金斯利特殊学校（Kingsley Special school）

北安普敦郡金斯顿普格罗夫小学（Kingsthorpe Grove Lower School）特教部

萨里林登桥学校（Linden Bridge School）

德比郡匹克学校（Peak School）

赫特福德郡全国孤独症协会的拉德雷特学校（Radlett Lodge, The National Autistic Society: Hertfordshire）

北安普敦郡罗万门小学（Rowan Gate Primary School）

贝德福德郡塞缪尔威特布莱德社区大学（Samuel Whitbread Community College）

埃塞克斯郡特殊教育需要和心理服务部（Special Educational Needs and Psychology Service）

伍斯特郡萨菲尔德学校（Sunfield School）

第一章 孤独症谱系概述

孤独症谱系障碍

"孤独症"一词首次见于专业文献是利奥·凯纳（Leo Kanner）在1943年对来自他的儿童精神科病房的11例儿童所进行的描述。当时他在马里兰州巴尔的摩市的约翰·霍普金斯大学担任儿童精神科医生。这些儿童明显与病房中其他被诊断为儿童期精神分裂症者不同。在凯纳那篇原创性论文中所描述的那些儿童，对他人缺少兴趣、语言奇特、固守常规并表现出不寻常的身体动作和重复性行为。

凯纳的原创描述重点强调三个领域的障碍：社会孤立、沟通异常、固执于重复而狭窄的常规行为。在全球范围使用的孤独症诊断的主要体系中，这些重要的障碍领域仍是孤独症诊断的基础。

孤独症谱系障碍的定义虽经岁月的流逝已发生变动，但"三合一障碍"（Wing, Gould, 1979）仍然是孤独症诊断的核心。孤独症谱系障碍（以下简称ASD）定义最近的一次转变发生在2013年，美国精神病学协会当年出版的《精神障碍诊断与统计手册（第5版）》（以下简称DSM-5）中，将术语广泛性发育障碍（PDD）改为涵盖性术语孤独症谱系障碍（ASD）。在当前孤独症的诊断体系中，DSM-5和世界卫生组织出版的ICD-10（《国际疾病分类（第

10 版)》，1992）都将 ASD 界定为具有社会沟通和社会交往技能缺陷，并存在局限的行为或兴趣等核心症状。与先前的定义不同，沟通缺陷不再单独作为一个诊断标准，而是被认为与社会交往障碍二者相互交错。因此，沟通缺陷被划归于社会沟通与社会交往诊断标准的语境之下。个体若要符合 ASD 的诊断，必须同时拥有社会沟通与交往互动以及重复性行为与兴趣两组缺陷症状。

ASD 是有着广泛功能水平的连续体，以类似的社会交往障碍和重复行为或兴趣为核心特征。在社会沟通和社会交往标准下的具体特征包括社交与情感的交互性缺陷、非语言沟通缺陷以及发展社会关系的缺陷。在局限的、重复的行为与兴趣模式下的具体特征包括刻板动作、无法变通、极度局限的兴趣或不寻常的感觉异常。诊断时并不要求具有所有的特征，但这些特征一定是出现在儿童发育的早期。此外，诊断还要具体指明在谱系连续体中的严重程度。ASD 的严重程度分为 3 级，1 级水平为"需要支持"，2 级水平为"需要部分支持"，3 级水平为"需要大量支持"（DSM-5）。

在此之前的定义中，使用广泛性发育障碍（Pervasive Developmental Disorders, PDD）这一术语涵盖伞状分类下所有具有上述三大障碍或特异性症状的细微类别。在 PDD 的类别中，存在不同的诊断，孤独症是孤独症谱系障碍中最为人们熟知和最普遍使用的诊断类别。孤独症被界定在如下三个领域存在异常：沟通、社会交往和重复行为，这与当前的定义相类似，只是沟通单独作为一个标准存在。除了孤独症亚型之外，还有其他有别于典型孤独症的诊断类别，即未特定广泛性发育障碍（Pervasive Developmental Disorder-Not Otherwise Specified, PDD-NOS）、阿斯伯格综合征（Asperger Syndrome, AS）、雷特综合征（Rett's Syndrome）和童年瓦解性障碍（Childhood Disintegrative Disorder）。

PDD-NOS 指的是那些在孤独症谱系中拥有许多共同特征，但可能不具备孤独症诊断所要求的精确特征数量，或者可能在必备的社会交往互动领域不具有明显的缺陷。许多专业人员将PDD-NOS（不典型孤独症）看作轻度的孤独症类型。阿斯伯格综合征也是先前孤独症谱系概念体系中一个类别，其定义与孤独症相类似，二者主要区别是在沟通领域；阿斯伯格综合征患者的诊断不存在任何沟通上的困难。事实上，阿斯伯格综合征儿童的语言必须是在正常的发育时段发展，在2岁时会用单词，3岁时会用简单短语。诊断阿斯伯格综合征还要求个体具有中等或中等以上的智商。

最后，在先前PDD概念分类体系中，还有两个不常用的诊断类别分别是雷特综合征和童年瓦解性障碍。在新的ASD概念体系下，PDD-NOS、阿斯伯格综合征、雷特综合征、童年瓦解性障碍等类别都将不再正式出现，而雷特综合征也被归入神经遗传性的障碍范畴。先前被诊断为阿斯伯格综合征和未特定广泛性发育障碍的个体都将被诊断为孤独症谱系障碍。ASD当前的概念系统更为简洁，代表的是一个障碍特征的连续体而不是几个独立类别的诊断。

综上所述，ASD是一个障碍特征的连续体，具有广泛的严重程度。有些ASD个体无口语，而有些则有较高的口语能力，但其语言的使用可能不具有社交功能。整个谱系的共同点是在社会沟通、社会交往互动上存在困难，并表现出重复、局限的兴趣或行为。

相关联的交叉障碍

识别ASD人士以及确定其在功能连续体中的障碍程度是非常具有挑战性的任务。从相关障碍中分辨出ASD也是非常困难的，因为这些障碍有时存在许多重要的重叠和交叉。诊断中最大的交叉也是最常被混淆的是ASD与强迫症（OCD）、社会（语用）交流障碍（SCD）、注意力缺陷多动障碍（ADHD）以及分裂样人格障碍。

强迫症是以强迫思维和（或）强迫行为为鉴别特征。强迫思维与强迫动作二者不同，强迫思维是周期性的、反复而持久发生的一些思想或意念，而强迫动作则是一些非功能性的重复行为。强迫症与 ASD 有时很难区分，因为许多 ASD 人士也同样具有重复性的观念或行为。帮助专业人员在二者之间做出鉴别诊断的一些区别点包括：多数强迫症者对自身的强迫性观念或行为都是趋向隐蔽的，因为他们能够意识到这些念头或行为会被周围其他人认为是怪癖。那些强迫症者通常也希望自己甩掉这些强迫性的常规，他们在反复思考或进行强迫动作时也感到非常焦虑和烦恼。ASD 人士则明显不同，他们对于自身的重复刻板行为的无意义性，以及这些重复行为对于他人的影响几乎没有意识。通常，ASD 人士在思考或从事仪式性行为时感觉平静、投入，甚至很享受而不会伴有焦虑情绪。

对于临床医生来说，了解与 ASD 相关联的狭窄兴趣与强迫思维不同这一点也非常重要。ASD 青少年全神贯注所思考和谈论的内容，通常不似强迫症者所关注的性、宗教或者身体方面的主题。个人的发育史也可为区分二者提供帮助，强迫症者通常不会在学前或发育早期产生这种先占观念（Preoccupations），也不会伴随其他发育障碍；而很多 ASD 人士，在发育早期便表现有典型的强迫观念和强迫动作，并伴有其他的发育问题。

社会（语用）交流障碍是一种发展性的语言障碍，以社交方面持续存在使用言语和非言语交流的困难为特征（DSM-5, 2013）。该诊断类别也与 ASD 有某些相似之处。他们都存在人际交流方面的问题，包括在发起和维持对话、围绕主题、采取与社交情境相适应的交流方式、了解语言的微妙之处等方面都有困难。与 ASD 的主要区别在于，社会交流障碍者并不会表现出 ASD 人士那种重复刻板的行为或兴趣。

另一类与 ASD 有关联的障碍是注意力缺陷多动障碍。ADHD 人士在集中注意力、控制行为及活动水平上存在困难，他们与 ASD 群体相类似。当向他们讲话时，他们好似听而不闻；他们也无法听从指令，集中注意力困难，不愿意学习某些任务，冲动抑制困难，不停地讲话。

尽管 ADHD 与 ASD 有许多相似之处，但障碍的内在本质却是不同的。对于 ADHD 儿童来说，ADHD 是一种神经障碍，限制了他们的注意力集中，从而造成他们在社交与沟通上的困难，但并不是这些儿童不懂语言或社交的细节玄妙，而是他们不能以适当的方式在恰当的时间里集中和维持注意。对于 ASD 儿童来说，不一定都是注意力有限，而是注意的方式有所不同。这意味着他们的注意可能更仔细、更认真，以致很难转移注意力。ASD 群体的社交与沟通障碍通常是他们无法进行沟通以及理解、回应指令的原因，也正是这种社交与沟通障碍使得他们社交互动困难、注意异常，而不仅是注意力问题。

最后一个与 ASD 常混淆的障碍是分裂样人格障碍。这种障碍的特征是"脱离社交关系，在与人交往时情感表达的范围受限的一种普遍模式"（DSM-5, APA, 2013, p.652）。缺少对亲密关系和朋友的渴望、孤独、对他人情感冷淡、专心执着是该群体与 ASD 群体所共有的特征。不过，分裂样人格障碍者少有严重的人际关系问题，他们在学龄晚期或成人早期发病，而不像 ASD 那样发病于学前或学龄早期。分裂样人格障碍者的沟通问题也很有限，他们有能力想象和幻想，且没有 ASD 那种狭窄的特殊兴趣。分裂样人格障碍与其他精神疾病似乎有遗传上的联系。

尽管存在这些差别，但沃尔夫（Wolff, 1998）认为，分裂样人格障碍可能属于孤独症谱系。她认为，即使分裂样人格障碍者也有一定的社交技能，可以独立且拥有良好的长期预后效果，但那些适用于高功能 ASD 的有效干预方法同样奏效于这一群体。

本章小结

总而言之，那些被诊断为 ASD 的人与其他类别障碍者有许多重要的相似点，尤其是在社会交往、社会沟通、持续重复和概念化等领域。这些共同特征对于提供教育方案具有重要的意义，这也是本书的焦点所在。那些具有交叉障碍但却有着不同诊断的学生们，具有某些共同特征，同样可以从本书后面章节所描述的一些教育策略和方法中受益。

第二章 结构化教学作为教育方案的基础

TEACCH 总部

TEACCH 是孤独症和相关沟通障碍儿童治疗与教育总部（Division TEACCH）在北卡罗来纳州开展的服务于全州 ASD 人士及其家庭的公共卫生项目。该项目最初由联邦政府于 1966 年创立，当时 ASD 被人们视为一种情绪障碍，而父母是导致此障碍的主因。类似"冰箱母亲"这类术语常被用于描述 ASD 家庭的父母，表达正是因为他们冷漠、孤独、有时拒绝的行为才导致了孩子的 ASD 状况。

埃里克·邵普勒（Eric Schopler）是 TEACCH 总部的联合创立者和首任主管，也是确立 ASD 是一种发育障碍，其父母非但不是疾病的主因，反而可以成为 ASD 儿童很有效的教育者等重要观念的先驱之一。确认这些观念也是邵普勒 1966 年获得最初的联邦经费资助所开展的研究项目的重点。联邦资助的项目取得了巨大成功并立即对参与项目的父母和儿童产生了积极影响。也因此，TEACCH 项目在北卡罗来纳州得到全面采纳和推广，并在 1972 年动议州立法，获得州政府的资金支持。

在过去的五十多年里，TEACCH 总部对于构建 ASD 理论作出了重要贡献，也创立了非常成功而广泛应用的干预方法。TEACCH 实施综合化的服务体系，对北卡罗来纳州、全美乃至整个世界范围内的 ASD 人士的生活及其家庭都带来影响。该项目的重要性如下：

- 使 ASD 人士尽可能在其社区里有意义地生活，具有生产性和独立性；
- 给予 ASD 人士及其家庭以及协助和支持他们的人们提供示范服务；
- 作为北卡罗来纳大学社区的成员，要产生知识，将理论与临床实践相结合，并传播来自世界各地的相关理论与实践信息。

TEACCH 总部为不同年龄与功能水平的 ASD 人士提供服务，从典型发生在 2～4 岁的诊断开始，家庭最先是从 TEACCH 的工作人员那里获得有关 ASD 的信息，这些工作人员遍布北卡罗来纳州的 7 个诊疗中心。每一家诊疗中心负责为当地 1～70 岁的 ASD 人士的家庭服务，大约 80% 首诊的对象是 5 岁以下儿童。

TEACCH 总部将这个以社区为本位的服务系统融入富有活力的大学之中，大学又进一步鼓励用高水平的卓越标准实现项目的目标。为了北卡罗来纳州居民的利益，TEACCH 提供了大学所能做到的最好服务，包括提供独特的培训机会，发展服务和进行科学研究。北卡罗来纳大学的研究基地也为 ASD 家庭无障碍地获悉此领域的最新发展动态提供帮助。它同时也是非常完美的人力资源中心，聘用具有资历的专业人士，这些专业人士一般都是这一领域的精英。

TEACCH 项目积极地融入社区活动，这也给大学增添了光彩和公信力。大学机构积极地参与解决居民的日常需要，确保大学项目可以走出象牙塔。面对 ASD 人士及其家庭的迫切需要，大学所开展的项目也必将致力于关乎民生的重要问题。

作为州立系统的组成部分，TEACCH 总部很好地定位了自身角色，并与其他州立机构展开协调与合作。由于 TEACCH 与每一个机构和家庭都有密切的工作联系，因而从早期干预到学校教育的过渡也变得更加顺畅。干预策略的连贯一致也有力地促进了项目方案由一个方案转衔至下一个方案。TEACCH 总部与本州重要的机构、家长倡议团体、服务提供者以及北卡罗来纳孤独症学会都保持着稳固的合作关系。

尽管 TEACCH 的许多成就都要归功于它是一个州立系统的缘故，但 TEACCH 项目绝不是一个仅仅起到协调和促进作用的机构。根据过去 48 年来该项目实施的经验以及北卡罗来纳大学基地所给予的帮助，TEACCH 总部自身已发展出针对 ASD 人士及其家庭的治疗策略和方法。这种方法就是结构化教学法，它也确保 ASD 人士及其家庭在北卡罗来纳州内接受的所有服务具有连贯性和一致性。

从 TEACCH 总部发展出来的策略以及行政架构已经在全美乃至全球范围得到了广泛实施，全美 50 个州的实践者和行政人员都在使用这些理念。有许多州已经设立了 TEACCH 结构化教学的教育项目，也有大量的诊所和其他服务机构采用这种模式。在国际领域，这些技术也遍布欧洲、亚洲、澳洲和南美洲，尤其在英国产生了重要的影响。

结构化教学

结构化教学的概念是 TEACCH 总部从早期的将 ASD 作为发育障碍的认知中发展出来的（Mesibov et al., 2005）。在 TEACCH 建立的 20 世纪 60 年代中期，大多数专业人员还把 ASD 看成一种情绪障碍，是由父母的内心矛盾、拒绝和对孩子的不一致反应所导致。TEACCH 总部的共同创立者，也是将 ASD 视为发育障碍的先驱者之一，埃里克·邵普勒认为，ASD 这种发育障碍是一种神经发育异常，有别于普通发育儿童的认知加工方式。结构化教学是适应ASD人士在理解、思考、学习方面具有的独特方式而衍生出的一种教育实践方法，是针对ASD人士在神经发育上的主要异常表现而加以设计的方法。

接受性语言困难也是结构化教学针对ASD的另一个重要特征。许多ASD学生的语言理解能力不好，远不及我们基于他们的其他能力和反应判断可以达到的水平。他们在主动回应我们的言语要求上也存在困难。接受性语言困难会导致ASD人士对相对简单的要求也只能做到有限的理解。

ASD人士的表达性沟通也很困难。由于ASD的语言能力通常落后于其他能力，他们在言语反应或表达简单要求的能力上会受到限制。表达性沟通要求具有一定程度的发起、组织和理解能力，对于那些在其他方面确有能力的ASD青少年来说，这些要求有时却超出其能力。这种情形通常会使每个人都受挫，那是因为他们无法用让其他人可以满足他们需要的方式来表达自己的需求。

ASD人士在注意力和记忆力方面也有不同的表现。尽管他们对经历已久的事件细节的回忆能力可谓神奇，但他们的工作记忆或在同一时间处理几种信息的能力却有缺陷。ASD人士也无法注意情境中最重要的信息或者传送给他们的言语信息。组织能力不足是另一个主要令人担忧的问题。他们无论是在时间还是空间范围，对于材料和活动的组织都会存在困难。他们加工熟悉的材料要比新的不熟悉的材料容易，对于以前曾经重复做过的舒服的活动和常规也有明显的偏好。

ASD人士的其他挑战还包括与他人交往，以及应对环境中的感觉刺激。ASD人士无法凭直觉领悟他人的动机和行为，社会规则对于他们来说也很神秘。这些都可能引发其做出不适当的行为以故意引起他人的注意，或者出现社会性退缩或者喜欢独处。ASD人士缺乏对社会关系的渴望，也使得他人主动发起与之交往的动机和行为的效率受到影响。

感觉刺激尤其会引起 ASD 人士分心。他们可能会对环境中的刺激过分反应，并无法对这种影响加以调节。ASD 人士出现的行为问题常常是因为他们没有能力去处理这些感觉输入。

结构化教学法是系统地组织教室环境，使教学过程和方式更为友好地适宜 ASD，对 ASD 人士的期望和要求也要做得具体而清晰。它综合 ASD 人士的能力、缺陷和兴趣，系统地建构教育方案；将重点放在促进 ASD 人士对周围世界的理解，满足个体的需要，而不是判断学生的行为是否恰当，是否与某些内隐或外显的关于社交与认知的"正常"模式相符合。例如，许多 ASD 人士相比于他们的听觉技能来说，具有超强的视觉功能。通过视觉化地呈现信息和指令，结构化教学使他们可以充分利用这些优势。视觉信息也使事物对于 ASD 人士变得更有意义，让他们更加独立，也有助于他们学习。结构化教学的主要目的在于尊重和考虑 ASD 个体的认知功能、需要和兴趣，并相应地调整环境，以提升 ASD 的独立性和行为控制能力。如果我们可以成功地做到这一点，那么使用结构化教学法同样可以有效地促进教与学。在任何教育方案中融入使用的结构化教学一般都含有四个重要成分：结构化的物理环境、日程表、工作系统以及视觉结构和信息。

结构化的物理环境

对于 ASD 学生而言，物理环境具有的结构与组织特点，可以让教室变得更有情趣、清晰和可控。教室的物理布局是确保教育方案向着有益于 ASD 学生不同学习风格、需要和感觉特性的关键的第一步。在规划教室的物理布局时，必须要考虑个人的需求。家具放置在哪里以及怎样摆放都可能影响学习者应对环境、理解环境对他的期望以及独立行事的能力。清晰的视觉信息也可以减少焦虑，促进个体的独立性。教室物理环境的结构化可以减少分心，促进更加连贯且有效的工作。

教室中的每位学生对于结构的要求程度并不一致。对于在自足式的特殊班级中的 ASD 学生而言,需要针对特定学习活动划定具体区域,清晰标示边界,确保材料容易取得,帮助他们了解他们要去向哪里,也使他们可以独立地管控他们的材料。对于安置在融合班级有较高能力的学生而言,他们不需要同等程度的物理结构指引他们的行动。对这些学习者,普通班的教室环境没有太多的活动,因而为他们设定工作区域也比较容易。他们要有一处安静的地方,这对他们很有帮助。当普通教室中的噪声、视觉影像以及气味无法忍受的时候,他们可以随时进入那个安静的安全环境。

学生年龄也对物理环境的结构产生影响。低龄儿童的教室需要有游戏区、独立的个人工作区、零食区,自理技能的发展很可能需要有卫生间,以便进行如厕训练。大龄学生需要为他们提供可以进行休闲乐趣的场地、职业训练区、居家和自理技能训练场所、独立的一对一学习区、小组工作和全班教学等不同区域。

不管学生能力处于何种水平,所用的材料都应在学生可理解的层次水平上做到清晰标示和布置。工作用的材料显然可以在学生的学习区中获取,而游戏或休闲娱乐的材料则应在适宜的时间和地点获取。在需要用到的时候可以随手拿到材料,对于任何年龄和功能水平的学生来说都非常重要。

对于所有 ASD 学生,建立工作区对于发展他们恰当而独立的学业及职业技能具有重要意义。在建立工作区时,需要有一些特别重要的考虑。工作区也能提供个人独立工作和小组工作的机会。由于 ASD 学生通常易分心、难以专心于任务中最重要的方面,故而容易分心的 ASD 学生的工作区应设置在教室中最少刺激干扰的区域,远离其他学生,最小化分心程度。有些 ASD 学生可以允许工作时有同伴在自己旁边,但他们需要在同一个固定的位置上完成一天中的每一项任务。即便对于能力高的学生,也应该有清晰的区域放置已完成的工作。容易使用、指示清晰的工作材料也应随时都可获取。教室中还应根据学生的需要建立其他区域，诸如小组工作区，全班教学区，用于休闲、游戏或仅仅是放松的区域。

教室的物理环境结构常常被忽视，而它却可能是关乎 ASD 学生成败的一个极为重要的变量。周密地考虑学习者的认知风格和感觉上的需求，将会营造出一个可以促进学习并提升独立能力的教室环境。

日程表

ASD 学生对于清晰和可以预测有明显的需求。我们可以在某种程度上满足他们的这种需要，我们也乐见，当学生们确实明白他们要去做什么的时候，他们的情绪更为平静，也更加合作。TEACCH 方案吸纳了个别化的日程表来满足 ASD 人士的这种迫切需求。这些日程表如能配合每个学习者的理解能力加以有意义地组织的话，那么，它们会给 ASD 人士增加秩序感和预知感，使他们的生活变得更加有条理。

就 ASD 学习者在顺序记忆和组织能力上表现困难已有相关的论述。接受性语言能力不足也使学生很难理解期望他们要做的事情，这通常会导致他们抗拒一部分课程。日程表不仅可以指引学生正在进行的具体活动，也可帮助学生组织他们每日的活动，理解和预见活动的发生，从而减少他们的焦虑。

日程表除了可以给 ASD 人士的生活增添预知性和清晰感之外，还可以给 ASD 学生提供机会，让他们不必依赖成人的提示和指导就可以在教室和学校周边自由地行动。自主感对于 ASD 学生同样重要，可使学生逐渐摆脱对提示辅助的依赖。那些可以独立使用并遵循日程表的学生，通常都没有过度的自我刺激行为；而那些需要不断辅助和提示的学生，则对他们将去哪里、什么事情正在发生等总是感到困惑。

常规性地检核日程表可以帮助 ASD 学生进行活动转换。日程表在从一项活动转向下一项活动时，为学生们提供了令人舒适的、可预知的、稳定的例行程序。日程表提供的是一种结构、基础和令人感觉舒服的常规，可以使 ASD 学生感到困难的活动转换变得更加容易，从而减少焦虑的发生。

时间表和日志是最典型也是多数人最常使用的日程表的形式。我们自己的日程表一般包含了全天的事项。不过，许多 ASD 学生无法理解书面文字，也无法一次建构一整天的概念。对于他们而言，日程表可以通过图片、图画呈现活动内容。例如，用书桌或桌子的图片表示工作时间，用秋千的图片代表户外游戏时间。如果学习者比较容易理解实物的话，那么，他的日程表也可以采用物品呈现，如用卫生纸指代厕所，用双肩背包代表放学回家的时间，用光盘指示使用电脑的时间。对于那些有组织困难、难以建立全天概念的学生，他们的日程表就可以每次只呈现半天的活动，或者每次只标出三项活动，甚至只标示一项活动。最重要的是，日程表的类型及其呈现的项目数量必须符合学生的理解水平。

工作系统

日程表对于显示学生一日活动事项的先后顺序非常重要。保持学生注意并理解将要发生什么事情也非常关键。日程表是在教室环境中帮助 ASD 学生进行组织的一种方式，另一个则是可以帮助 ASD 学生对每一个他们具体参与的活动进行组织的工作系统。工作系统也被称为"活动系统""日程表中的日程表"或者"行事清单"。如果想要 ASD 学生学会在没有成人协助与监管的情况下独立工作，那么工作系统是非常重要的。它可以帮助学生了解期望他们参与工作的每一项具体活动是什么，这样 ASD 学生就可以有系统地进行自我组织，独立于成人的辅助而完成他们的各项任务。工作系统也可用于促进结对学习和小组学习的各种活动。

个人的工作系统向学习者传达了四个层面的信息：

（1）他们要做的工作有哪些；

（2）在特定的时间里要完成多少工作任务；

（3）他们怎样了解工作进展的情况以及什么时候结束任务；

（4）工作完成后会发生什么。

如同日程表可以有效地发挥作用一样，工作系统也是基于个人的理解水平而以视觉呈现的，并通过定期的实践练习，最终使ASD学生可以在多种环境中独立使用。

如同日程表一样，工作系统需要基于学生的能力水平，因人而异。ASD学生若能阅读和理解文字，就可以采用文字工作系统，清晰地标明每项任务，并使之容易找到。学生可根据对应每项工作的工作系统中的文字了解他要做什么。通过工作系统上的项目数量，学生可以了解在那个特定的时间里他有多少工作要做。当每一项文字指令都已执行并勾掉的时候，ASD学生也就知道了任务即将结束。在完成任务之后，也会有一个文字说明告诉ASD学生接下来可以做什么。

文字工作系统适合有阅读和文字理解能力的学生，对于不能阅读的ASD学生，可以使用图片、符号、数字、颜色或物品来表达上述同样的信息。如工作系统中可以使用不同颜色的贴纸，由上至下排列成一个清单。每一种颜色与视觉清晰可辨的任务颜色标记相对应。学生将工作系统上的一个彩色贴纸取下，将其粘贴在对应工作任务的相同颜色上，通过这种方式学生就可以知道要做的是什么任务。学生也可从自上而下排列的彩色圆形贴纸的数量来知晓总共有多少项任务需要完成。如果有三个圆贴，那就意味着在本次任务时限内需要完成三项任务。学生也可以知道工作在什么时候结束，当工作系统中所有的三个彩色贴纸都被移走，那就意味着工作结束。每完成一项任务，学生可以看到工作系统会减少一个贴纸，这样他就可以了解到工作的进展情况。当学生成功地完成所有任务之后，在工作系统的底部会有一张图片，显示他接下来可以做的事情。这个图片可以代表电脑活动，也可以是艺术活动区域，这样儿童就可以知道完成工作任务后接下来去哪里活动。

工作系统有助于 ASD 人士组织具体的工作活动。它为执行具体任务提供了有意义、有条理、有效率的工作方式。它也使"完成"的概念更加具象，对 ASD 学生更具有意义。理解"完成"这个概念也可让学生感受到完成的快感，并使 ASD 学生更易理解活动由一项向另一项过渡的过程，从而减少了 ASD 学生的焦虑产生。了解要做多少工作以及距离完成任务的工作进展情况同样对于 ASD 学生具有非常大的帮助。

视觉结构和信息

到此刻为止，我们已经描述了两个具有组织功能的系统，一个是日程表，帮助 ASD 学生从一个地方转向另一个地方，另一个是在很多不同的地方完成特定活动的工作系统。结构化教学在考虑和创设活动或学业任务上也非常重要。为 ASD 学生安排的每项任务都应做到视觉上有组织和结构化，通过最大限度地提升视觉的清晰性，促进学生的视觉理解，激发并维持学生的动机和兴趣，以此减轻学生的焦虑。要达成理想的结果，以下三种活动要素尤为重要：视觉明晰（visual clarity）、视觉组织（visual organisation）和视觉指令（visual instructions）。

视觉明晰

提供视觉结构的一种方式是通过视觉明晰。对 ASD 学生阐明任务的重点及基本要求，可以极大地提升他们的能力，以最低的焦虑成功地完成任务。

例如，分类任务中有各种视觉上清晰可辨的形状或颜色，这将有助于学生在分类时突出这个基本维度。教室的地毯区带有明亮的方形边框，提示学生这个区域可以进行休闲娱乐活动。突出工作清单中的重要内容也可为ASD学生提供帮助，如标记出段落中含有重要信息的句子或单词中重要的字母。

视觉组织

视觉组织涉及学习者在完成任务时所使用的各种材料的摆放与稳固问题。如果教学材料不能整齐有组织地摆放或者没有固定牢固，那么ASD学生很容易受此干扰或分心，他们极易因感官上的混乱所分心，甚至导致情绪崩溃。由于ASD学生自己组织材料的能力缺乏，因此，教师及专业人员有必要以对ASD学生有吸引力、有秩序、低限刺激的方式组织他们的材料。例如，分类任务中的各种样式材料如果能很整齐地摆放在容器里，而不是杂乱无章地堆在桌子上的话，那么，ASD学生完成分类任务的成功概率就会更高，焦虑也会更少。

除了整齐有组织地摆放教学材料以外，将大块空间分解成小块的策略对于ASD学生也十分有益。ASD学生自身组织能力欠缺，处理大面积的任务可能会加剧这一困难。在清洁较大的桌子时，如能将桌面划分成四个小一点的方块，而不是一次完成整个桌面，可能更有利于ASD学生体验到成功。复杂的工作清单同样也可以进行清晰的、有组织的分解，以帮助学习者成功地完成任务。

视觉指令

视觉指令是体现视觉结构的最后一个类型，也是工作任务的基本组成部分。视觉指令可以给ASD学生提供视觉化的信息，以儿童可以理解的方式，准确地说明完成任务的具体要求。视觉指令最常见的一种形式就是镶嵌板，或是对如何放置材料、如何实施任务的视觉化表征。文字指令同样具有此种功能，可以向学生精准地解释任务要求。

视觉指令作为结构化教学的必要组成有以下几个原因：首先，它有助于学生准确地理解别人要求他们做什么，而确定要做的事情对于多数 ASD 学生都很有必要。其次，视觉指令也可帮助 ASD 学生发展他们所不足的变通能力。如果 ASD 学生学会了以一种特定的方式完成任务，那通常改变他这种使用材料的方式则会极其困难。不过，通过视觉指令我们可以发展出一种机制改变他操作材料的方法。由于学生是对视觉指令做出反应，那么改变指令就可以改变学生的反应，从而使学生即使面对的是同一套任务材料，也可遵循不同的反应程序。这样，ASD 学生原本缺乏的变通能力便有所发展，而这种能力又是有效学习、职业发展和社区适应的基础。

本章小结

总而言之，TEACCH 作为北卡罗来纳州针对 ASD 人士的服务项目，已经走过了半个多世纪，它将继续致力于精进有关 ASD 群体的观念——他们在思维和学习特征上有别于普通人群，也因此存在有特殊的学习需要。结构化教学演变成一种教学策略，正是因应了 ASD 人士独特的文化特征及特殊需要。物理环境的结构化、使用日程表和工作系统以及发展视觉清晰且有组织的教学材料，这些都是结构化教学法的核心要素。使用结构化教学的 ASD 学生，他们通常更加平静和自信，能在相当长的时间里独立且富有成效地工作。采用结构化教学作为传授课程的方法，可以提高和促进教与学的双向过程，也可使很多 ASD 学生在课程的融合上有所改善。

第三章 孤独症谱系障碍学生课程融合面临的挑战

前言

ASD学生拥有一些共同的核心特征（第一章已经讨论过），他们如果要想在课程学习的层面进行融合的话，无论学习的课程是什么，都有必要以一种有意义的方式加以探讨他们的核心特征。特征上的连续体意味着有些学生理解或诠释课程的方式可能与另一些学生有所不同。ASD学生在沟通与社会互动、重复与受限的行为、活动与兴趣领域面临种种挑战，有些人还存在感觉加工问题，所有这些挑战和问题都必然地让我们思考如何才能最好地教给他们课程。传统的教学方式和课程传授依赖成人与儿童之间所进行的社会交往与口语沟通。教室中所传递的意义源自其参与者对于该社会情境的共同理解，需要所有参与者理解教室"文化"。ASD学生通常无法理解教室这个社会化情境所传递出的外显抑或内隐的一些共同含义。例如，克莱尔·塞恩斯伯里（Clare Sainsbury）就曾表示，ASD学生通常"不了解"教室的社会环境。她回忆她的个人经验，感觉好像"每个人都在玩一些复杂的游戏，而我是唯一没有被告知游戏规则的人"（Sainsbury, 2000, p.8）。ASD人士具有的特征和学习风格，意味着他们与非ASD者具有不同的思维方式，这对于学校中的教与学具有重要的启示意义。传统的教学方法依赖于社会互动和口语交流，但所有这些都不是 ASD 学生的兴趣与强项，他们已于无形之中被排除在课程的学习之外了。

"孤独症文化"为我们提供了一个有益的视角，提醒我们需要尊重、理解和适应他们的个体差异（Mesibov et al., 2005）。因而，教室文化也有必要反映学生的不同"文化"特征和思维方式，以增进学生对于教室文化和课程含义的理解。

本书的内容是通过采用由 TEACCH 总部开创的结构化教学法，促进 ASD 学生对课程各层面内容的理解与学习（Schopler et al., 1995; Mesibov et al., 2005）。在特殊的教室环境及回归主流的融合教室，使用视觉结构现在都被广泛认为是对 ASD 学生潜在的有效的教学方法。当使用视觉结构促进学生无障碍地理解课程内容时，结构化教学法对于学生的帮助就更为凸显。这种方法融入了我们对于 ASD 学生的特性及其各异学习风格的理解，尤其强调利用他们的视觉认知优势，使用特别的兴趣激发和调动学生的动机，使其主动参与。此外，结构化教学也灵活地反映了 ASD 学生的共性和个别学习需要，以及学生所在教室环境的不同要求。

本章的内容焦点是课程融合面临的特殊挑战与 ASD 学生的权益，尤其强调对于课程教学所产生的启示与意义。之后的各章将提供更为详细的实例，阐述世界各地的教师怎样应用结构化教学的原则，使课程学习变得可及和有意义。

课程教学：核心原则

不管学校教授的是哪一种特定课程，都要确保学生的权益和无障碍的学习，这一观念构成了我们课程教学的基础。例如，国家英语课程（Department for Education, 2013）指明，学校有义务响应和满足学生的不同需要，克服潜在障碍，确保每一个学生都能取得进步（p.9）；国际文凭课程（International

Baccalaureate, IB）的宗旨是"创造并提供无障碍的学习机会",恪守承诺"无障碍纲领"（access agenda）。由于全球范围内的课程内容不尽相同,与其考虑每一种课程的具体性,倒不如不管课程的具体内容与教学环境,而采用课程教学的核心原则。

基本价值观：ASD 学生的课程、权益及无障碍

不管在何种环境采用何种课程,享有课程权益、无障碍地可及和利用课程是所有学生共同追求的目标。约旦（Jordan, 2005）曾讨论过这一"共同的课程目标",指出："就无障碍而言,ASD 儿童和其他儿童一样享有权利接受广泛而重要的（不必是平衡的）课程来满足他们的需要。"（p.116）因此,确认两方面的权益对于 ASD 学生很有帮助。一是,作为个体,他有权接受广泛、均衡而有意义的教育;二是,作为孤独症,伴随有大脑功能的异常和个别化的学习需要,这些特点使 ASD 学生对于结构有强烈的需求,尤其需要采用结构化的教学方法,才能使他们无障碍地接受课程学习。

谱系障碍学生接受有意义的课程及促进课程无障碍学习权益的重要意义也不可过分地加以强调。在第一章,我们已经指出 ASD 是具有共同特征的一个谱系连续体,在社会沟通和社会互动方面存在困难,表现出重复、受限的兴趣或行为,产生持续重复和模式化等问题,而且这些共性的障碍在每一个学生身上都有不同的表现,并以其独特的方式表达着这些障碍、异常、强项和兴趣的特征。鉴于孤独症个体在共性与独特性上所具有的复杂性,教育干预不存在单一的方法或"神奇的秘诀"可以确保学生无障碍地学习课程,这一观点实不为奇。琼斯等人（Jones et al., 2008, p.15）对此也表达了广为接受的观点：

考虑到谱系障碍具有的多样性及个体间的差异,并不存在对于所有孤独症谱系障碍都有效的单一教育干预方法,也不存在哪一种单一的干预足以满足某一特定孤独症儿童的所有需要……教育需要个别化,需要考虑不同的需求以及针对不同时期的不同教育目标。

有关课程的权益及无障碍也要采取个别化的方法,需要将ASD共同及独特的障碍特征充分考虑进去。不管实施的是哪一种课程,若想学生无障碍地融入课程学习,考虑如何进行课程的教学更具有重要意义。查曼等人(Charman et al., 2011, p.44)提出:使用创新和个别化的方法改编课程,利用学生的优势和兴趣,可以使ASD学生无障碍地学习课程,并从中获得奖赏。作为一种教学方法,结构化教学充分考虑了ASD学生具有的共同及独特的需要和个体差异,可以帮助ASD学生克服障碍,促进其课程学习。

教学的灵活性

课程教学的灵活性在于考虑个体的不同需要,就ASD而言,这意味着需要考虑他们的特性、需要和强项来调整和改变教学方式与策略。ASD学生具有共同性及个别性的不同需要,意味着每个学生会呈现出不同的学习需求,作为教育者,有责任设计不同的教学方法以确保学生可以无障碍地学习和参与课程。此外,那些不同的学习需求也会对课程学习构成潜在障碍,更需要周密地设计不同的教育策略(Rose and Howley, 2007)。这些策略也广泛用于其他有特殊教育需要的学生,例如,科技辅具为有运动或言语障碍者实现了无障碍。在这方面,结构化教学策略对于ASD学生而言,同样确保了他们无障碍地学习课程:首先,通过实施此策略可促进学生习得重要的或可迁移的技能;其次,使用视觉策略可以促进有意义的教与学,使学生对课程内容有充分的理解。本书也已表明,对于很多ASD学生,在充分考虑他的个人强项及喜好的学习方式基础上,引入视觉结构可以达成有效的教学。我们阐释结构化教学各种应用的意图在于识别有效的课程教学方式,促进学生最大限度的理解。很显然,个体需要会随时间的流逝而发生改变,提供适当的课程同样也需要定期地加以调整。不过,不论个体在某一特定时期的优先需要是什么,确保以有意义的方式进行课程教学始终对于学生而言是最根本的。采用一致的方法实施教与学也非常关键,它可使个体取得实质性进步;结构化教学法可以适应不同的课程内容与要求,开发出一致的教学策略,从而使学生获得更加有意义的课程学习。

贯穿课程的可迁移技能

在任何一门课程里都存在一些可迁移的或关键性技能,这些技能构成了所有教学内容的基础。例如,国际小学课程(在线)在其"个人目标"中就涉及了沟通目标。这种技能既是 ASD 学生最难掌握的技能,同时也是其优先考虑的学习领域。表 3.1 总结了课程领域不可或缺的一些重要的关键技能。

很明显,促进 ASD 学生对课程中具有可迁移的关键技能的学习是非常适当的。不过,如何最佳地实施这些技能的教学仍然存在一些问题。

表 3.1　关键技能与 ASD 学生

沟通	所有学习者都需要发展沟通技能以利于更好地学习。沟通困难会给 ASD 学生所有科目和课程内容的学习带来明显障碍。
与人合作	社会交往困难导致 ASD 学生与人合作交往困难,包括与成人的交往和在全班活动、小组活动和组对活动中与同伴的交往。
问题解决和思维技能	增强问题解决和灵活思维的能力对于所有学生都至关重要。发展元认知或"学会学习"等要求自我反省的能力同样也是取得成就的基础要素。ASD 学生由于思维刻板僵化,容易焦虑,可能会造成他们在预测、问题解决、选择和决策方面缺少自信。此外,缺少自我反省也对发展提升学习的技能构成障碍。更是由于 ASD 学生有时极度焦虑,对其给予的支持策略实际上减少了他们学习如何解决问题,发展灵活变通能力的机会。
独立	独立对于所有学生也同样重要。对于谱系障碍学生,由于他们依赖那些了解他们并充当"翻译"角色和支持他们学习的人,因而他们的独立能力有限。尽管成人的角色对于个体支持很重要,但培养学生独立的目标同样重要。

使用结构化教学克服课程融合面临的障碍与挑战

ASD学生需要优先学习的领域可以从其障碍和异常的连续体中衍生出来，在每一项优先考虑的学习领域，我们都可以很容易地看到ASD学生在每日班级的课程学习中所面临的挑战。孤独症儿童拥有的障碍及差异特征不仅会给传统的教学方式带来挑战，而且对下面所述的课程教学的不同层面也都具有重要启示。这些课程举例并非穷尽了所有课程领域，只是阐述了ASD学生课程中核心要求和技能的范围，它们对于ASD学生具有挑战性，对于我们则需要思考如何才能更好地实施教学。结构化教学的各项要素正是利用了儿童的强项领域，同时也考虑了儿童在学习中可能面临的挑战才组合而成。在后面的章节中，有更深入的考虑和阐述如何使用结构化教学法以实现课程的传递。

立足强项：视觉认知

ASD学生将有一系列的个人强项可被利用。虽然我们通常会把焦点放在学生的障碍领域，但是为了更好地促进教与学，识别和确认个人的强项就显得尤为重要。许多ASD学生都有的一个强项就是处理视觉信息的能力强于处理言语信息。天宝·格兰丁女士（Grandin, 1995, p.19）曾坦言："我使用图像进行思维，文字对于我好像是第二语言。"如果ASD学生拥有较强的视觉加工技能，且采用视觉思维，那么很显然，这些强项为我们满足他们多样化的学习需求提供了有益的平台。

结构化教学的主要原则都利用到视觉结构。强调发展有意义的学习环境，目的是帮助个体更好地学习。利用视觉策略，结合考虑个人的强项与兴趣，这些策略要素使结构化教学成为学生发展关键技能，有意义地学习课程内容的一种增效方法。

沟通

沟通对于所有课程领域实施有效的教与学都极为重要。由于所有 ASD 学生都有不同程度的交流障碍，所以对于如何实施课程的教学都有某种影响意义。传统的教与学过程严重依赖于交流能力，尤其是听说能力；而对于 ASD 学生，我们必须要发展不同的沟通系统加深理解。

结构化教学建立在学生视觉优势的基础之上，首先要评估个人的视觉认知或理解能力，以便确定出最有效的视觉沟通策略。之后，发展个人的结构化教学要素，包括使用可视化日程表、视觉指令和个人视觉沟通系统。这些策略可以增进我们与 ASD 人士之间的沟通，帮助他/她更好地理解他人的期望和指令。同时，视觉沟通可使个体成功地实现沟通。

社交互动

犹如我们要依赖沟通实现课程的教学，我们也希求学生可以在社交技能和理解方面越来越精熟。课程教学多数都是在一定的社会情境下实现的，这对于 ASD 学生即刻便构成了挑战。ASD 学生不仅要面对课程科目带来的学习挑战，而且还有因社交技能和理解能力欠缺所衍生的其他挑战。

结构化教学有助于支持学生发展与人交往的能力，帮助他们建立人际关系。例如：结构化的物理环境以及工作系统都可用于支持和促进个体与同伴并肩工作，或在靠近同伴的地方进行游戏；可视化日程表可向学生们明示：他们要与谁交往，在什么时间进行等信息，从而达到支持的目的；在小组活动或结对的社交活动中，可以引入视觉信息使同伴的角色更加清晰突出，也可以提示 ASD 学生必要的社交礼仪程序。

局限和重复的行为、活动和兴趣：思维技能

ASD 学生在不同环境下应用知识和泛化学习的能力有困难。他们通常行为刻板，思维僵化，缺乏无障碍课程学习所需要的灵活度。持续重复的行为和狭隘的兴趣爱好占据了他们的整个思维，因而也限制了他们获取更多的课程。此外，孤独症儿童倾向记忆事件或事实性的内容，但并不将其与其他事件联系起来，这种倾向更加剧了他们本已糟糕的泛化技能。他们对课程内容和学习过程进行反思的能力也存在缺陷。

结构化教学的许多环节都注重发展学生的灵活性，目的是使学生在不同的环境下可以参与更多的活动。使用日程表可带给某些 ASD 学生更大的灵活性，其他个别化的视觉信息也可以帮助学生做出选择，发展更灵活的学习方式和对不同环境的理解能力，以及在不同的环境中灵活地应用知识。视觉信息有助于支持学生进行预测，找到问题可能的其他解决方案；视觉提示和视觉结构也有助于支持、鼓励学习者回顾和仔细思考他们所做的事情及学习过的内容。

感觉加工异常（包括感觉超敏和感觉迟钝）也会导致某些异常行为的产生，ASD 学生可能对教室环境中的感觉刺激会感到超负荷。结构化教学可为每个个体规划其物理环境的结构，并根据个人的需要进行调整，例如，通过减少感觉分心刺激创建更为有效的学习环境。

注意

ASD 学生常被老师描述为在学习功课时无法注意力集中，但同时他们又对环境中的某些特征过度关注。有些人极易受到感觉刺激的影响而分心，无法集中注意力于功课学习。ASD 学生表现出选择性的注意力，他们常常会注意那些对于他们更有意义和有趣的怪异刺激；他们在话题切换的注意力转移能力上也有困难，他们一次只关注单一内容。这些特征对于课程的无障碍学习具有重要的启示，因为 ASD 学生可能无法去注意老师要求他们注意的内容。

结构化教学法强调视觉化，这对于 ASD 学生注意功课的重要内容特别有助益。麦西博夫等人（Mesibov et al., 1997）指出：ASD 人士可以注意一些明确要求他们关注的相关线索。通过视觉明晰的策略，如突出重要和相关的信息，可以让注意功课相关内容的这种要求变得更加具象清晰。

组织、计划、排序和问题解决能力

很多 ASD 学生在组织和计划等认知活动方面存在障碍，也总是不能从错误中吸取教训。卡明等人（Cumine et al., 2010）认为，这一特征对于发展 ASD 学生在计划、自我监控、行为规范和灵活性等方面具有重要的启示意义。由于执行功能较差，他们在组织及问题解决方面表现出明显困难，这也可以解释他们缺乏灵活性、刻板僵化和行为冲动的表现。很多 ASD 学生在遵循顺序、设计排序从而实现目标上也存在困难。有些人在记忆日常的常规程序上有困难，如穿衣或刷牙步骤。有些人可能在回忆完成活动所需要的复杂顺序上感到困难，例如，体育课执行一系列的动作程序，在运动器材上完成各种规定动作。这些障碍对于很多课程科目的学习都具有启示意义。引入视觉信息可以帮助学生逐渐遵照和理解顺序，可以从每天的简单顺序开始，逐渐发展他们那些贯穿于课程中的更复杂的顺序能力。这种结构化的形式包括采用视觉指令，用文字和符号显示必要的顺序。之后，再改变这种策略形式，使学生在教师提供的视觉结构范围内开始独自建构顺序。

ASD 个体处理问题解决的任务会面临挑战，在问题无法得到解决时也可能会出现后续行为问题。教师有时会因害怕触碰这些挑战而不愿意提供涉及问题解决的活动，这也可能导致个体缺少机会发展他们在生活以及课程学习所必需的关键技能。

对于结构化教学策略，人们常会产生一种误解：视觉结构会告知学生要做什么，但却很少有机会让他/她自己想出解决对策。的确，过度严格的结构很可能会限制学生独立思考的机会，而这并不是结构化教学法所追求的目标。视觉信息的各种形式不仅对于发展组织、计划、遵循指令顺序等能力有很好的助益，而且可以使某些人最终掌握这些策略，让学习变得更加有效。视觉信息可以为学习提供鹰架式支撑，使一些学生可以独立地实行自我管理，自己组织任务材料，开始自我进行各种选择和决定，制定决策和问题解决方案。

动机

ASD学生强化他们学习的动机与其他学生不同。传统上，激发学生动机的基础就孕育在学校这种社会环境和文化之中。社会性动机对多数学生发挥着巨大作用，例如，在同伴面前的口头表扬、竞赛都会激起学生们强烈的反应。ASD学生具有的社会性障碍常常意味着他们不能够被社会性"奖赏"所激励，教师需要发现其他可以激发他们的动机形式。这一点虽无关具体的课程内容，但却无所不在，并会对课程整体产生影响。

结构化教学不断挖掘个体的胜任动机，如任务有明确的开始与结束，采用清晰的视觉提示说明任务大功告成，在任务行进的过程中使用检核清单、视觉材料向学生呈现正确的完成方式。此外，这种方法也很重视识别ASD人士的强化物和兴趣点，包括他们的特殊兴趣爱好。随后便可在学生可以理解的结构内，确保有机会提供此种动机强化。鼓励和强化学生的兴趣点为的是激发他们解决其弱项的领域，比如，利用一例幼儿对于火车的兴趣发展他早期的数字技能，或者利用一位学生喜好关注世界时事的兴趣来发展其听、说和辩论的技能。在视觉的总体结构中纳入兴趣、喜好和强化物，可以鼓励学生参与那些他们曾经抵制的课程活动之中，并赢得广泛的课程学习机会。

本章小结

　　ASD 学生因其个别化的学习特性而直接导致他们在课程的无障碍学习上面临种种挑战。所有类型的课程都应提供广泛的机会，在与 ASD 相关联的优先学习领域发展学生的知识、技能和理解力，提供各种具有现实意义的机会促进 ASD 人士的教与学。ASD 学生如若在课程学习上赢得有意义的收获，那么，必得优先考虑教学方式的有效性。结构化教学策略为我们提供了一种关键方法，以具有实际意义的方式实施课程教学，确保学生拥有广泛的学习机会。

　　结构化教学是一种课程教学的教学策略，充分利用了 ASD 学生的强项、所拥有的技能和特殊偏好的学习方式。它并不是课程本身，而是学生进行课程学习的重要基本原则。在后面章节中有具体实例，说明如何个别化地设计结构化教学的要素，使学生无障碍地学习学科课程和关键技能，参与其他校园生活，如组装配件、享受游戏时间。由于 ASD 学生具有不同的学习风格和强项，面临的挑战也各不相同，为他们设计的结构也无定规和"处方"可以依循。因此，读者需要思考那些具体实例背后所反映的基础性原理。结构化的方法必须因应不同的学生而具有个别化的特点。本书所提供的各种实例，目的在于解释结构化教学法的各种灵活应用以及各种调整和改变的方式方法，确保每个 ASD 学生都可以融入课程的学习，而无论课程教授的是什么。

第四章 物理环境结构化：理解教室的意义

概要

　　物理环境结构化是指摆放家具、材料及布置周遭环境的方式可以赋予环境更多的意义，提供更多的情境信息。有效的结构化物理环境可以降低环境中视觉和听觉刺激对 ASD 学生造成的注意力分散与困扰，使学生对环境的预期和从事的活动变得更加清晰明确。一个清楚而有效的结构化物理环境可以让学生感知世界是整洁、有序并可以掌控的。如果想要 ASD 学生在学校中保持冷静，期望他们表现出其总体能力水平，那么这种感知体验对于他们相当重要。

　　在教室中创设结构化的物理环境，首先要考虑的是教室在视觉和物理界线上的清晰明确。清晰的界线应对教室的基本结构布局给以界定，并使听觉和视觉的分心干扰降至最低。这些视觉和物理上的界线也有助于教师划定基本的教学区，例如，小组工作区、零食区、游戏区、过渡区、一对一教学区、个人独立工作区、全班集体教学区以及可以减少过多刺激、降低焦虑的"安全港"。

　　在特殊学校环境中，结构化的教室物理环境一旦被设定，老师就可以开始确立基本的常规，帮助学生在特定活动与特定地点之间建立联系。这些联系可以促进学生理解基本的教室活动和预期，让学生更容易预测，并在指定区域做被期望的事情。

对于安置在主流环境中的学生，尽管教室环境不如特殊环境那般容易被操控，但结构化的物理环境依然非常重要。在主流班级，ASD学生通常很难独自工作，因此，指定和定位一个独立的工作区至关重要。通常，学生坐在靠近老师或面对老师的角落位置，或者坐在一排桌子末端的位置时，他们会表现得更好一些；靠近教室门口的座位也可让那些需要离开教室去休息的学生感到舒适，从而减轻他们的焦虑。学生还有必要理解并准确区分：他们要在哪里工作，有可能是去工作站中获得帮助；而当他们感到刺激过多或焦虑不安的时候，他们又该去哪里，或许可以去一个学习支持基地，那里是他们的"安全港"。

不论安置环境是主流班级还是特殊班级，物理界线对于ASD学生始终非常重要。拥有适当的空间环境可以帮助他们保持情绪冷静并专心工作。明确标示ASD学生上课时该坐在哪里或站在哪里也非常重要，尤其是他们不在自己座位的时候。由于缺少物理结构的帮助，不在自己座位上可能会导致他们做出不适当的行为，例如，漫无目的地徘徊、游荡。注意力分散和感觉超负荷也是ASD学生面临的突出问题；在教室或教室外为他们提供一处安静的"安全港"，可以帮助学生在焦躁不安的时候冷静下来，并可减少过多外界刺激的干扰。

改善物理环境的结构并应用常规加强课程融合

通常，物理环境的结构化是促使ASD学生融入课程学习的第一步。满足学生不同的学习需求，克服学习上的各种障碍，这些基本原则也特别重要。对于ASD学生而言，教室以及更广泛的校园情境都可能是引发其焦虑和感觉混乱的嘈杂环境，这是因为他们在分隔环境和理解环境上会有困难。很多

ASD个体需要一个清晰的、视觉组织的物理环境，这也是促进他们参与课程学习的第一步。结构化的物理环境通过建构实际情境，创设清晰的界线，为ASD学生提供了一种创设有效学习环境的策略。创设结构化物理环境的策略，需要根据个人需求的评估结果而体现个别化，包括：针对特定活动的各自工作区的划分；通过使用屏风减少感觉分心；座位安排；校园规划，如清晰显示校园建筑楼群间的可视化路线。

如果没有清晰的结构化的物理环境，ASD学生的课程学习可能会非常有限。这是因为学习者可能会由于混乱和焦虑而抵制参与课程活动，或者对活动与教室之间的转换过渡感到困难，而这些都会引发他们的行为控制问题。在主流或特殊的学校环境中，创立一个结构化的、可预测的环境，第一步通常就是考虑物理环境的结构。通过对物理环境的不同结构水平加以考虑，如定义空间的目的和用途，减少学习环境中的分心因素，下面的案例可以说明我们如何为ASD学生创设一个更高效的学习环境。这些案例虽不够详尽，但可以用来阐述如何根据个人的需求，在不同的环境中设计不同结构水平的物理环境。

案例研究

起步阶段：在幼儿园中的物理结构

山姆，3岁，被诊断有孤独症且学习困难。他就读于一所融合幼儿园，由一位学习辅助教师（Learning Support Assistant, LSA）给予全程支持。山姆对幼儿园环境的理解能力很差，他的学习辅助教师认为这个环境对于山姆来说太过嘈杂和混乱，没有什么实际意义，因而才导致了山姆经常到处乱跑，只专注自己偏爱的活动而拒绝参与其他活动。

幼儿园有三个独立的活动区域，是已存在的物理结构。"红色屋"用于创意游戏活动；作为一个比较安静的工作区，在"黄色屋"可从事与识字和算术发展有关的桌面活动；"绿色屋"用于发展想象力游戏，包括一个家庭角和各种打扮的服装。还有一处隐蔽的户外区域可用于有粗大运动的游戏活动。山姆的绝大多数时间都是在教室之间到处乱跑，但在创意游戏教室，他会时常停止跑动，用手指去摆弄沙子。山姆强烈地抵制到不同的区域参与活动，他的学习辅助教师也要花大量的时间去"追捕"山姆，尝试让他不那么乱跑而可以跟她一起看些东西。尽管学校已针对特定类型的活动指定不同的教室，但需要更加清晰的物理结构，才能让山姆理解情境的意义。

让每一区域的目的用途更加明确，降低山姆到处乱跑的频率，可以有很多种策略尝试。在房间中，通过使用家具设备，清晰地装饰特定的区域，便可明确指定空间的意义。比如，使用一块屏风便可将水、沙子的活动地域清楚地与绘画区分隔开（见图4.1）。这种做法可以明确学生不同的活动有其特定的区域，也可以降低学生的注意力分散。

图4.1　在幼儿园使用屏风减少注意力分散

山姆在进行桌面活动的教室上课时，贴有山姆照片的彩色椅子是他的指定位置，指示山姆应该坐下来而不是到处乱跑。这把椅子位于一张小桌子的后面，这样也为山姆营造了一个小而安全的工作区域（见图4.2）。利用书架和屏风挡住山姆对房间其他区域的注视，从而避免山姆过度分心。

在地毯时间用一块方形地毯指示山姆坐的区域。他的方毯现在被摆放在小组中的边缘，还有他的学习辅助教师陪同，坐在边缘可以让山姆感觉更舒服。在零食时间，一块桌布外加一个视觉提示帮助山姆理解将要发生什么。

物理结构的各个要素使山姆更清晰地认识房间特定区域的目的，有助于减少山姆分心的发生。结合使用基本的"首先……然后……"的常规（见第五章），物理环境的结构正帮助山姆预测在特定区域里将会发生什么。这对于促进他的理解能力，减轻他的焦虑至关重要，并对山姆的行为和学习能力产生直接影响。

图 4.2　独立工作区

如果山姆仍继续到处乱跑，抵制参与各种活动，那么他介入早期课程的学习将受到严重限制。因此，在讨论适宜山姆的学习环境方面，结构化教学的策略是非常重要的第一步。由于得到物理环境的结构化支持，山姆在早期课程的个人发展、社会性和情绪发展等领域都有所进步。他也得到鼓励并有安全感——这是确保他情绪稳定和做好学习准备的关键一步。此外，物理环境的结构也帮助他发展维持注意力、保持专注和静坐等能力。物理环境的结构化策略伴随使用视觉化物品策略，帮助山姆过渡转衔，进一步提高理解力（见第五章）。

结构化物理环境和关键技能：组织、独立、控制自身行为

贯穿于各个课程领域的关键且可迁移的技能包括：对任务和材料进行组织，发展独立能力和自我控制行为的能力。很多 ASD 学生在自我管理上存在困难，需要经常依赖成人，例如，那些很容易注意力分散的学生，在缺少提醒和提示的情况下，可能无法完成一项任务。对物理环境进行结构化的调整，可以帮助学生发展学习所必需的某些组织技能，增强个人独立性，进而使一些学生开始管控自己的行为。

案例研究

特殊班级中的结构化物理环境

下面的案例说明的是如何针对个人的需求，灵活地设计和展现结构化的物理环境。

马丁，14 岁，在一所招收有重度学习困难学生的特殊学校中读九年级，他被安置在有六名 ASD 学生的特殊班级中。他大部分时间都是在本班教室中度过，有时也会去其他一些教室上课。

马丁的教室利用屏风、家具、厚垫、彩色胶带等物品划分出指定的活动区域，并指定用于个人工作、小组工作、全班教学和休闲等不同活动（见图4.3）。

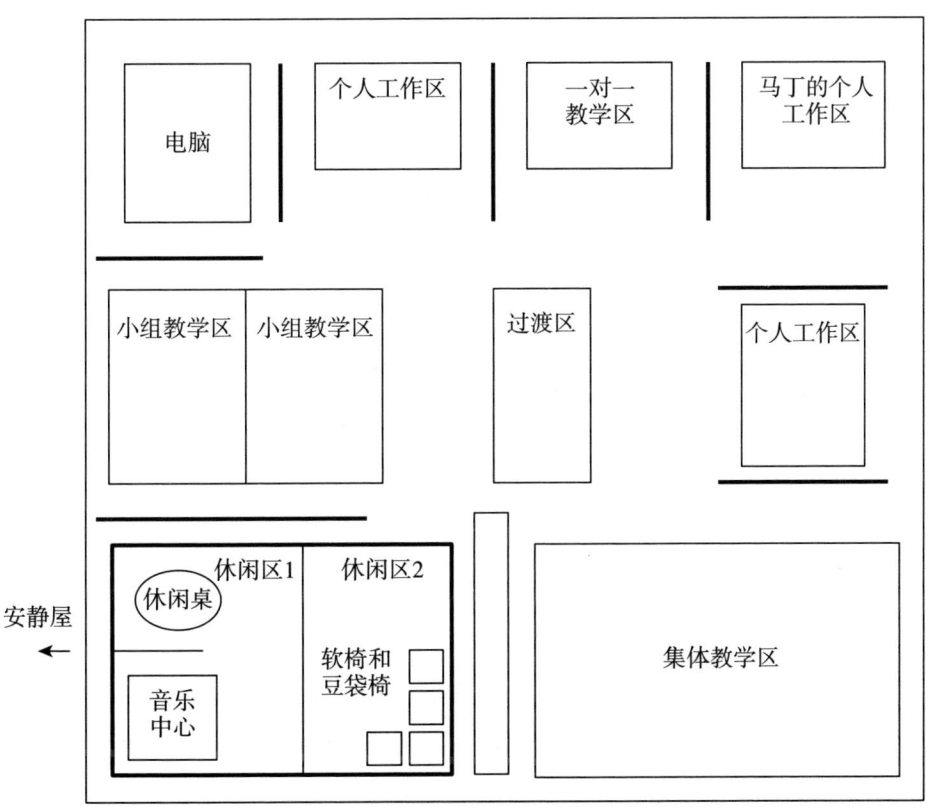

图 4.3 教室结构

马丁的个人工作区位于教室的墙角并面向墙壁，使用屏风将他的个人工作区与他人的工作区隔开。尽管教室的其他区域都进行了适当的装饰，但马丁工作区内的墙面却保持一片空白，以避免马丁注意力分散。班级中还有一个学生也要求同样的结构化环境，他跟马丁在不同的时间使用这个个人工作区。马丁工作区的物理结构，通过降低其注意力分散，明确工作区的目的意图等手段，使他提高组织和学习技能，并集中注意力，聚焦关键的信息，维持持久注意，开始独立工作。

在小组工作时，马丁的位置贴着他的名字和照片，这些名字和照片是可以移动的，这样马丁就不会过于僵化地固执于座椅的位置。他的椅子经常放在桌子边缘的位置，并与邻近的同学保持一定距离，以减少他挨近同学时感到的焦虑。当马丁感到焦虑或者被其他组员分散注意力时，他可以在桌子上立一块硬纸隔板，将自己与其他人的工作区隔开。

在全班的集体课上，比如识字课，马丁坐在全班的外围位置，椅子上带有标记。休闲活动区由书架、音乐中心和彩色胶带所分隔。另外，地毯、各式软椅和豆袋椅也在视觉上提示了这一区域的用途。对于马丁（以及其他人）还设有一处"安静屋"，在他们情绪焦躁不安或有攻击行为时可以去这个地方；他也学习了如何在恰当的时间提出要求来使用这个安静屋。在马丁的教室中所创设的结构化物理环境，可以作为一种教学策略，使教导马丁如何在焦虑时控制自己的行为成为可能，使马丁的个人应对技能和独立能力得到发展。

当马丁在其他教室活动时，使用同样的策略让他知道他应该坐在哪里，帮助他集中注意力。例如，马丁特别讨厌去美术教室，因为那里的感觉体验强度超过了他可以忍受的程度。在这种环境中使用物理结构化的策略，对于鼓励马丁学习美术就显得特别重要。美术教室旁边的一间小教室可供马丁使用，以减少大房间中的某些感觉刺激造成注意力分散。此外，由于马丁触觉敏感，当课程要求使用某些马丁感觉不太舒服的媒介时，比如纸浆和黏土，他可以戴上乳胶手套。在课程中也可逐渐加入一些不同材质的材料，以增强马丁对触觉敏感的耐受力。马丁也开始在美术主教室中参与一部分课程的学习，必要时再撤回旁边的教室。物理环境的结构化策略也可与第五章的日程表一起结合使用。

这种结构水平的物理环境有效地帮助了马丁和其他学生集中注意力，

聚焦重要的信息，并降低他们的焦虑水平。在这种更具有实际意义的物理环境中，马丁也更愿意去参与更多的课程和活动。通过创设清晰明确的结构化物理环境，使用"首先……然后……"的常规（见第五章），马丁可以对教室和学校的某个特定空间会上什么课程、发生什么活动进行预测，这也减轻了他的焦虑，增强了他的独立技能。

物理环境结构化与关键技能：与他人合作

与他人合作是所有课程必不可少的内容。然而，孤独症谱系的社会核心障碍必然会给 ASD 学生带来种种挑战，导致他们在学习及人际交往上遭遇各种阻碍，难以成功地融入社会。合理地使用物理空间及其结构是帮助学生与他人展开互动，进行人际交往重要的第一步。

案例研究

物理结构、与他人合作和融合

里基，6 岁，有 ASD 且学习困难，在一所招收不同类别特殊儿童的学校中接受专门的孤独症教育。里基的大部分时间是在特殊班级度过的，但每周有两次可以到一年级班里，融合开展社交活动和结构化游戏。里基非常活跃，从一个活动跑向另一个活动，有时他也会和同学、大人一起玩。他极易受环境中他人和事件的干扰而分心，很难集中注意力。里基教室的物理结构类似于马丁的，是用屏风隔出个人的独立工作区；有指定的游戏区，内含一些简单的物理装置；使用家具区隔房间的其他区域（见图 4.4）。在游戏区边角处放有两张桌子，可供结构化游戏时使用。

圆圈时间及其他班级活动在另一处有软椅子的区域进行，同样也使用屏风来减少注意力分散（见图4.5）。

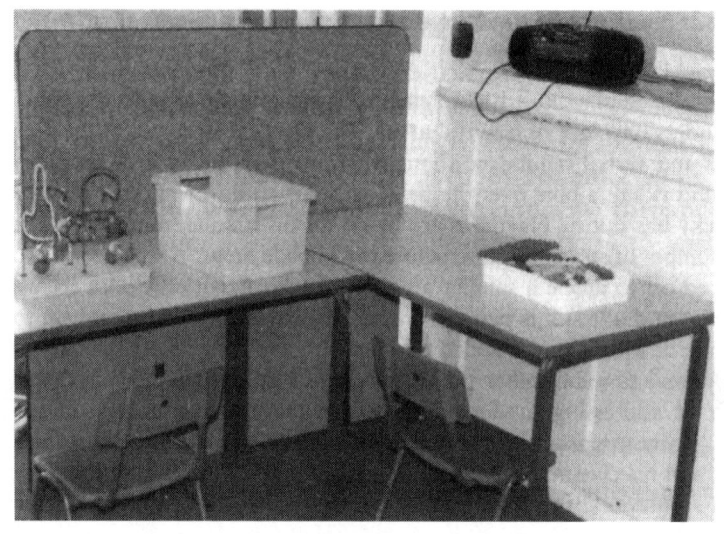

图4.4　在指定游戏区从事结构化游戏的桌子

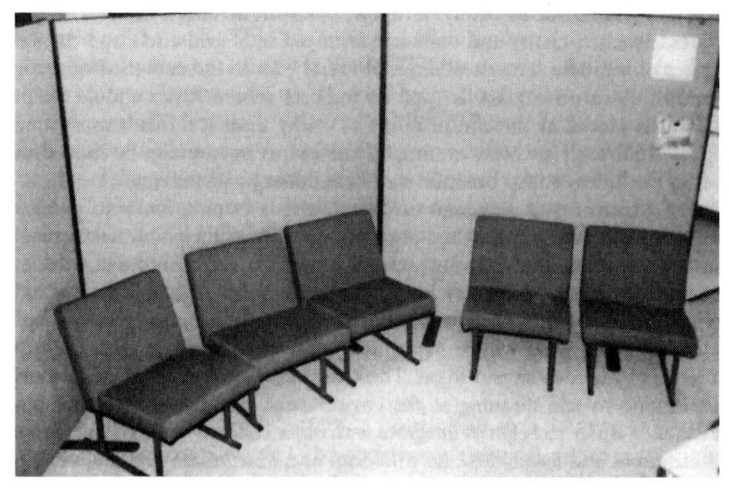

图4.5　用屏风隔开的圆圈时间活动区域

在里基和一年级同学的融合安置中，安排一位学习辅助教师给予他一对一的支持。在零食时间，里基坐在桌角处，与一群儿童在一起。贴有里基照片和名字的椅子指示他应该坐在哪里。由于教室里发生的很多事情都可使里基分心，因此，在教室的游戏区需要划出一小块区域，鼓励里基在此与两名同伴进行结构化的游戏活动。设置一张桌子专门用于"结构化游戏"，鼓励里基在玩游戏时紧挨着一名同伴。当里基熟悉这种结构化的物理环境之后，便可以鼓励他接近其他同伴玩耍，参与同伴的配对游戏，并发展"与人合作"相关的早期技能。

在休息和游戏时间的物理结构：控制行为、沟通和做出选择

在户外休息和游戏期间，里基喜欢漫无目的地围着游戏区跑圈，经常在"边界"之外的区域游荡。这一区域的物理结构没有被清晰界定，可以在哪里玩的言语提示对于里基也几乎没有什么意义。经常可以发现，他骑着自行车在操场到处跑，而不是在指定的场地骑车。里基在游戏时间遇到的困难，绝不仅限于他本人。因此，学校考虑采取措施建构户外活动区的结构。用栅栏在操场中围出一小块区域用于特定的活动；使用锥形障碍物装点游戏区；在操场上，涂出一条彩色的"道路"指示骑车的路线。这样，一个大的户外活动区就被划分为几个独立分散的区域。这些措施有效地帮助了里基和其他同学，他们开始在指定区域停留和玩耍。伴随着户外的这种结构化环境布置，里基到处乱跑的现象减少了，对区域中开展的活动关注更多了。由于空间设计意图清晰明确，学校也进一步鼓励里基和他的同学在户外的休息和娱乐时间自主地做出选择，并发展重要的沟通和思考技能。午休时间的管理人员也很感激有这些改进的物理结构，当他们在不同区域负责不同的活动时，他们的角色也被清晰地界定了。现在里基和其他同学已不再被人说是到处闲逛，他们可以游戏玩耍了。

结构化物理环境：将关键技能泛化到更大的空间

在其他大型场地界定空间的用途时，采用类似的策略也至关重要。例如，学校的礼堂有三个主要功能：上体育课、吃午餐和集会。里基和很多其他同学都会在这种大型场地漫无目的地乱跑，抓住他们来上体育课几乎是不可能的！清晰界定校礼堂的物理结构，明确其目的意图，有几种策略可供使用。午餐时间，利用餐厅设备便可清晰地界定空间的用途，从而使这一时段不产生问题。此外，里基在礼堂有一把带有标记的椅子，位于礼堂外围桌子的地方，这样可降低因处在众多儿童中间而产生的焦虑。

学校礼堂也有一块区域，可用窗帘围成一个更小的空间。当在礼堂上体育课时，体育器材和设备可以放置在较大的空间里，但教学指导可以在这个用窗帘围起的小空间里进行，以减少环境中的分心刺激。长凳可以作为视觉提示，告诉里基在进入更大的区域进行操练之前，通过聆听指令确定应坐在哪里。

当在礼堂集会时，环境的布设要能提供一贯的线索。长凳、椅子和垫子被排列成半圆形，点亮和熄灭蜡烛作为另一种视觉提示，代表集会的开始与结束。用一块方毯代表里基在集会时可以坐在那里，并将这块地毯放在最后一行，因为里基很难在一大群儿童中间安坐。不过，当里基对集会更加自信的时候，这块方毯最终也可被移动到不同的地方。

布局结构化的物理环境，降低环境的分心因素，这些都有效地帮助里基发展其关键技能：当结构化的物理环境通过赋予环境意义，降低分心来帮助里基发展专注能力的时候，也发展了他的基本学习和组织技能；他得到环境的支持，待在指定区域，而不是到处乱跑；目的是要帮助他学习与他人相处，发展他的社交技能。简单的常规加强了里基对将要在教室里发生什么和在哪里就坐等预期方面的理解。这些策略在教室和大型场地都大有用处，可以帮助学生增加对环境意义的理解。采用物理环境结构化的策略使里基开始与同学在其他教室、游戏时间、午餐时间和集会等不同场合和时间开展融合活动。跟山姆和马丁一样，使用个人日程表也进一步支持了里基对于物理环境的理解（见第五章）。

结构化的物理环境：与同伴并排工作

里基正在学习待在一处空间，容忍空间里有其他人存在，并在一个指定区域内与同伴彼此靠近地玩游戏。并不是所有学生都像里基那样需要同等结构的物理环境。不过，考虑物理环境的结构化始终是重要的第一步，可以帮助一些学生共享工作区域，与同伴一起工作和游戏。下面的案例说明的是物理环境的结构化调整可以鼓励学生们共享他们的工作空间。

案例研究

结构化物理环境：与他人并排工作，增加灵活性

蕾拉，9岁，有孤独症和学习困难，她在一所主流小学专门为特殊学生服务的特教部上学。特教部是这所融合小学的一部分，特殊学生中有两个ASD学生。蕾拉的注意力不易分散，良好的专注能力是她的强项。她对教室情境也有很好的理解，可以理解教室指定区域的目的和用途。蕾拉有个人独立的工作区，且紧邻另一位同学，可以在自己的工作区独立工作（见图6.4）。蕾拉的大部分时间都是在特殊班级中度过，但在一些课程上会融入普通班级中学习。

在普通班教室，蕾拉的个人工作区设置在教室的角落。班级教师在这一区域设立了两个工作空间，这样，蕾拉就不致落单地在那里工作。这个区域被看成"办公室"，其他有特殊教育需要的孩子会循环轮流地使用这个"办公室"。班主任老师发现这是一种非常有效的策略，可以鼓励那些注意力集中较差的孩子发展他们的独立工作技能，例如，在数学课上的独立工作。"办公室"这个区域在一天当中的某些时间面向所有孩子开放，他们都有机会选择去那里完成工作。因此，原本面向一个学生而引入的这种结构化物理环境，事实上却变成了对很多学生都受益的工作空间。

在小组工作时，在桌子上使用一条彩色胶带，明确标示出蕾拉的工作区间。这样便可使蕾拉不致将胳膊伸到整张桌子的范围而惹怒同伴，招致同学反感。这种策略也可用于其他环境标示蕾拉的工作区，如在食品工艺课的教室。此外，在一节课中的全班集体教学期间，在地毯上贴有彩色贴纸，也可以明确告诉蕾拉所处的位置。这种策略已帮助蕾拉开始参与小组的活动，尽管她还只能处在小组的外围边缘位置。随着她变得越来越自信，贴纸也可以到处移动，变换位置，这样，蕾拉不会太过死板地坐在固定的位置上。在限定的地毯区内，设置这种视觉提示已经开始帮助蕾拉可以坐在同伴的附近，有时甚至是坐在小组的中间。为蕾拉设计的结构化物理环境，强调的是让蕾拉可以和她的同学分享空间，进而为其发展与同伴并排工作奠定基础。

有很多环境都可用来发展与他人的社交技能，这些社交技能有利于促进合作性的小组工作。下面的案例描述了在印度的一所特殊学校如何运用物理环境的结构化策略让四个年轻人合作参与小组职业工作。

案例研究

合作性小组工作的结构化物理环境

库帕特、迪帕克、艾哈迈德和桑杰都是十八九岁的小伙子,他们就读于印度一所专门招收孤独症谱系学生的特殊学校。库帕特,19岁,有口语,在他的环境里可以与他人进行社交互动;有良好的运动技能和注意广度。迪帕克,18岁,无口语,当他见不到他的支持辅助教师时会心烦意乱。艾哈迈德,18岁,无口语,不喜欢工作区与别人靠得很近,因为这会让他感到焦虑不安。桑杰,19岁,无口语,运动技能和手眼协调能力都很差,需要连续不断的言语辅助。他们每天参加学校的各种各样活动,包括职业培训。职业培训是他们课程中优先需要考虑的学习内容。职业培训目的是要培养年轻人可以参与当地社区与工作相关的活动。这个案例关注的是物理环境结构化的调整,使学生们可以在共同的职业性工作任务中学会合作。

学校定期会给职员、家庭和校外的组织机构发送各种信件、办公通知和备忘录。针对这些任务,教师开发了一项可以发展小组合作技能的职业任务。这项工作包含裁剪、盖章、封装信件等一系列任务,并将此任务分配给其中的三名学生,桑杰则负责将信件送至学校相应的各个部门(第九章可详细了解为这些学生设计的小组工作)。

小组职业工作区位于一处开放的空间,以便让学生们熟悉环境中的各种声音,以及往来于他们周边的人们。为了让库帕特、迪帕克和艾哈迈德可以合作,彼此靠近地在一起工作,物理环境的结构根据他们每个人的需要而进行了调整。使用家具区隔出一块较大的教学空间,个人工作桌摆成一排,这样库帕特、迪帕克和艾哈迈德三人的座位就可以彼此靠近；艾哈迈德坐在排尾，并有较大的个人空间。并排就座，彼此靠近，既可以减少面对面就座带来的潜在心理压力，同时又有利于同伴间相互交流。桌子上也可以放置小型挡板屏风以降低注意力分散，但又不阻挡视线观看到周围其他人，这一点对于迪帕克尤为重要，因为他需要扫视周围环境以确认他可以看到自己的支持辅助教师。

库帕特、迪帕克和艾哈迈德已可以进行合作性的工作，而桑杰目前还需要持续的支持，需要有辅助老师一对一地工作。尽管桑杰还无法坐在其他三名同学身边一起工作，但他在小组职业活动中也发挥着作用。当准备投递信件时，会有一名学生将装有信件的篮子交给桑杰，这样他就可以知道到了他该递送信件的时间。

工作空间这种物理结构化的布局，可以使学生开始合作性地工作，遵守工作规程，提升职业技能。物理环境的结构化是保证小组合作工作的第一步，使用日程表、工作系统和视觉信息等其他结构化要素也可以进一步加强合作性的小组工作。

物理环境结构化：在不同环境中增加学生的参与度

合理布局学习环境的物理结构将有助于一部分学生更充分地参与不同环境的活动。有些学生的学习环境需要不断地从一间教室转到另一间教室，他们可以从每间教室结构化的物理设计中获得帮助。下面的案例说明的是如何根据不同环境中的个体学生而调整改变物理环境的结构，以便使学生可以更好地参与多种不同的课程活动。

案例研究

艾米丽，15岁，在北卡罗来纳州一所非营利的私立学习中心上学，该中心设有小学部和中学部。中心采取多感官的学习方式进行具有补救性和挑战性的教学，非常适合那些需要结构化与一致性的学习环境、需要正强化、开展多种运动活动、减轻紧张压力的儿童。

艾米丽很喜欢下厨准备餐食，但不喜欢吃任何蔬菜和水果，她的理由是"蔬菜和水果会让我生病！"为了扩展她的饮食喜好，老师开始教她学习制作冰沙，即用她喜欢喝的酸奶加入适量的水果。为了让艾米丽可以参与课程计划中的食品工艺／科学课程，第一步要做的便是建立和规划好厨房的物理结构。

厨房有四个工作区，包括餐具清洗区、蔬果清洗区以及两个标有"1号厨位"和"2号厨位"的厨房工作区。每一个厨房工作区都有一张面向墙壁的桌子，以减少艾米丽工作时的注意力分散。

这里还有一个"冷静区"，当艾米丽感到紧张有压力的时候，她就可以到这个地方。这个区域有舒适的座椅，可以打电脑游戏，帮助她减轻焦虑（见第九章详细解释）。厨房的物理结构布局让艾米丽对学习空间的具体含义有所理解；在随后的章节中，还介绍了使用日程表、工作系统和视觉信息等策略进一步支持她学习和参与更多的课程。

案例研究

物理环境结构化——面向中学阶段的服务转衔

大卫，11岁，在一所专门招收ASD学生的学校上学。大卫对教室的环境比较自信和从容，能与他人分享工作空间。当他独立工作时，需要在他和同学之间放置一个小型便携式屏风。当他参与普通班活动或在学校的其他教室学习时，也同样采用这种策略。

学校正在计划帮助大卫向中学过渡与转衔。中学阶段可能会要求他在不同的教室上不同的课程，他的工作学习空间也将由一个教室转换到另一个教室。当他升入新学校，尤其是有同伴在他旁边工作的时候，那个小型便携式屏风就可以派上用场，可以帮助他集中注意力。

尽管大卫对当前的学校环境比较了解和自信，但他有时也会受到分心干扰。由于他对数字有强烈的兴趣，因此，任何有数字的显示屏都会让他高度分心。要确保大卫所处的位置看不到这些数字显示，才能不分散他的注意力。有些显示器在不用的时候，可以遮盖起来。例如，除非是算术课，否则墙上的数字屏就会被遮盖起来。大卫进入新的学习阶段，类似策略仍可以继续使用，同样，在他感觉注意力分散的时候，也可以鼓励他在桌面上放置便携屏风帮助他集中注意力。

学校为大卫提供的这种结构化的物理环境，已经可以使他适应新的学习环境，使他持续地保持注意力和专注力。使用小型便携式屏风也帮助他适应了更广泛的教室环境，包括实验室和技工实习教室。

案例研究

在融合的普通小学中的结构化物理环境

有些 ASD 学生会在普通学校就读，要改变那里的物理环境结构并不那么简单。尽管如此，在必要的时候，对物理环境进行结构化的调整和考虑也是非常重要的。物理环境的结构化可以赋予环境更多的现实意义，从而减少学生的焦虑。萨拉，9岁，被诊断有ASD。她就读于当地的一所普通小学，在部分课上有一位学习辅助教师给予她支持。萨拉对教室环境比较熟悉适应，可以独立上课，能理解教室情境的具体含义。她可以在身旁有同学的情况下独立工作，在有辅助教师的支持下，参与小组学习的工作。尽管萨拉对此物理环境并没有要求做出改变或者替代，但仍有必要讨论某些问题。她会用一块桌垫来圈定自己的工作区范围，当有其他学生"入侵"她的工作空间时，她会变得沮丧。萨拉的感觉异常敏锐，这意味着她有时会因教室中的声音而分心，例如，钟表的嘀嗒声和电子白板投影仪的嗡鸣声。萨拉在远离钟表的位置可以很好地工作。当使用投影仪时，她也是处于远离投影的位置。老师也需要保证萨拉有一份与电子白板成像一致的复印件，以帮助她注意那些关键性的信息内容。

案例研究

索菲，10岁，在丹麦一个小镇的普通学校上学，目前所在的班级有21名学生。她每周还要接受五小时的额外支持服务。索菲的所有科目都能达到预期成绩。尽管她学业能力不错，但她在组织和排序技能上仍感到困难，尤其是上课时不知道该将注意力聚焦在哪里。结构化教学法帮助索菲参与广泛的课程学习，甚至包括学校中的社交课程。对不同环境的物理结构进行调整对于索菲非常重要，它可以保证每一种学习环境，包括休闲和休息时间，都能使索菲有效地进行学业和社会沟通技能的学习。

教室中的物理环境结构

索菲的书桌放在远离窗户而靠近教室房门的位置，这样可以减少来自窗外的分心刺激，当她需要离开教室时，也比较方便撤出。索菲坐在班级后排的最后一个座位，因此，她可以看到全班同学的后背。如果她的座位是在其他别的地方，那么她会因为看不到谁在她的后面而感到焦虑。索菲的这个座位可以减轻她潜在的压力，让她准确地定位声音来源，也有效地帮助她将注意力集中在课程内容。教室布局和座位安排减少了索菲的焦虑和分心，稳定了她的情绪，为她进一步学习提供了支持和准备。

其他环境的物理结构：图书馆和电脑区

索菲在一天中有两段主要的休息时间。一是户外的操场活动，校园的这块活动空间很大，索菲可以在树下安静处度过她的休息时间。另一个则是在学校图书馆的电脑活动区。对于索菲，一天中至少有一次休息时间可以到安静的区域，这对她非常重要。因为在户外操场的活动时间，环境噪声很多，人员密集，又有需要进行社交活动的潜在压力，索菲会对此感觉非常困难。在图书馆的电脑区，有八台电脑，呈环形排布，其中一台指定供索菲使用；在这个休息活动时间，索菲可以邀请一名同伴跟她一起玩游戏，而全班所有同学都愿意被她选中一起在电脑上玩游戏。此外，还有视觉化的规则提示，告诉孩子们可以用多大的声音说话，电脑音量要开多大，这个环境要比操场更能营造出一种安宁、平静的氛围。

创建可以观察同伴和活动的物理环境结构

尽管教室和图书馆的物理环境结构很适合索菲，但学校中仍有一些其他活动会带给索菲巨大的压力，例如，全校学生共同的"晨曲"演唱。在这种情况下，谱系学生会变得沮丧、压力超载和烦躁不安，因此，在他们参加这种活动之前的某个时间，可以提供机会让他们预先观看这种活动，这样既可以使他们了解活动中所发生的事情，又不会因为亲自参与而感受任何压力。这种预先观看可以多次反复，使他们对活动有更多的理解，直到他们熟悉这一情境，对此感到舒服，最终达到从容而自信地参与其中。"晨曲"演唱对于索菲非常困难，但与其让她退缩到学校的其他环境区域，不如让她坐在邻近的教室，透过窗户可以看到大教室里演唱晨曲的场面。在这个位置上，索菲感到安全，焦虑减轻；她可以轻松地看见她的班级同学，又不会有参与演唱的压力。学校可以多给索菲提供这种观察的机会，直到她感觉做好了准备可以融入其中。对于某些ASD学生而言，规划物理环境的结构，使之适宜ASD学生观察别人的活动，是保障他们进一步参与和融入课程学习的关键。

安静的空间

尽管调整物理环境的结构对于索菲非常奏效，但索菲仍会有时感到压力超载或烦躁不安，而无法适应学业学习和社交课程的要求。这种情况下，索菲可以去一个小教室，那里有她喜欢的活动、玩具等多种资源，如她可以玩乐高玩具、画画和玩玩偶。进入这个安静的空间，对于索菲是非常有效的自我控制策略，帮助她平复情绪，并继续参与课程的学习。

案例研究

主流中学的结构化物理环境

亚当，15岁，有阿斯伯格综合征，就读于当地一所主流中学，正在准备重要的考试。亚当在学科课程上有很多特长，尽管他对小学的物理环境有很好的理解，但他在应对中学环境的众多转变要求时会感到困难。例如，每半个学期老师要重新调整一次学生的座位，这使亚当无法确定在不同的教室该坐在哪里，导致他在进入教室及上课初期都会感到焦虑。在每个教室，亚当都被允许坐在相同的位置上，通常是在教室前面靠近角落的地方——这个地方亚当比较喜欢，在必要时他可以方便地离开教室（学校与教职人员已达成一致，当亚当感到焦虑时，可以允许他离开课堂，返回到学习支持基地，即回到他的安全港）。现在学校每半学期为亚当提供一次座位计划，显示他的位置以及与班级其他同学位置的关系（见图4.6）。

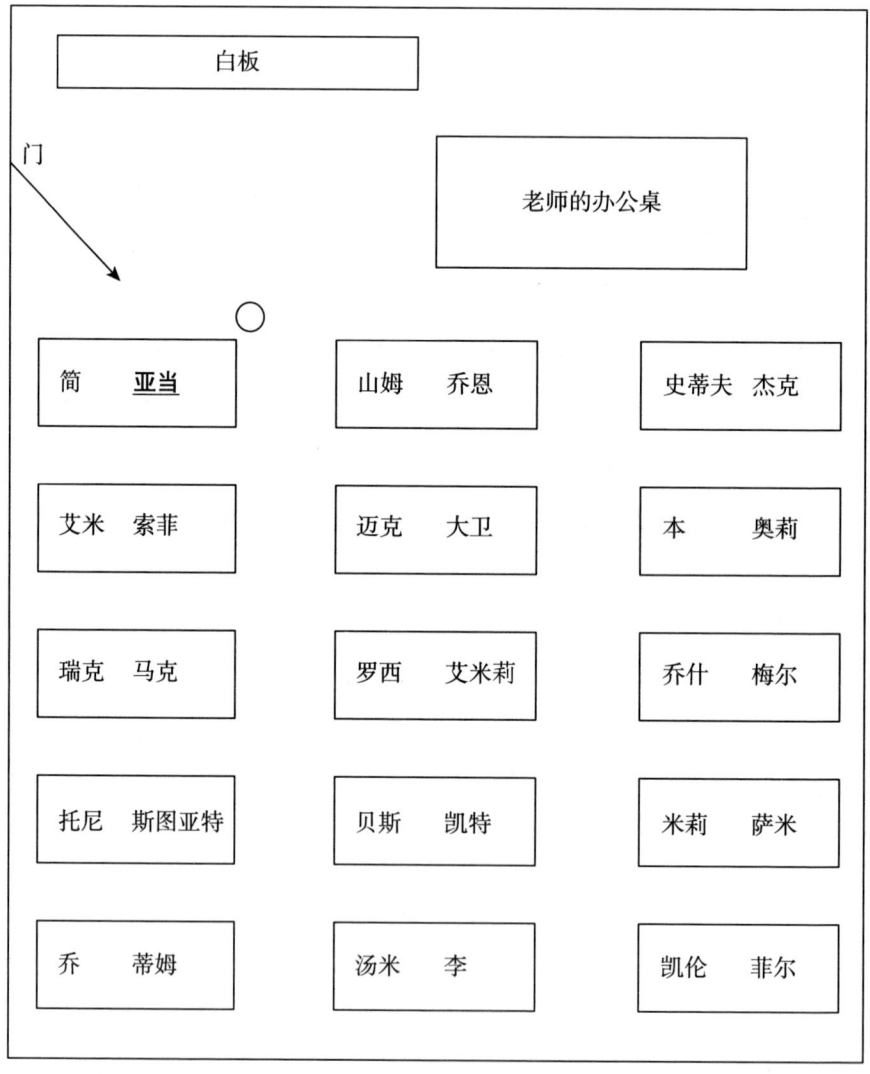

图 4.6　提供亚当的座位计划实例

视觉信息也为亚当提供了他所需要的结构，帮助他缓解焦虑（第七章）。由于学校允许亚当离开课堂，并为他准备有座位计划，这些策略有效地减轻了亚当的焦虑，使他现在可以大部分时间待在课堂里。除了座位计划，学校还为亚当提供了校园地图，包括清晰可见的、用颜色编码的不同课堂教室之间的路线图。这种视觉线索显示了清晰的学校布局，帮助亚当可以在校园环境中穿梭自如。

亚当有时也会体验到感觉困扰，会感觉某些声音很刺耳。学校的下课铃声会引起亚当极大的焦虑，因为他对这种声音感到刺耳和难以忍受。他上课的多数时间都在担心铃声什么时候会响，这远远超过了他对课程内容的关注。亚当现在有一个定时器，他在每节课开始时设定一个铃声提醒，在距离下课铃响前五分钟提醒他，这样亚当就可以有时间戴上耳塞，减少体验那种刺痛感。

在考试期间也有必要为亚当提供结构化的物理环境。亚当对于和许多同学坐在大的体育馆里会感到非常焦虑，这会导致他在考试或考试前惊恐发作。因此，所有考试都允许亚当可以与少部分同学在学习支持基地中进行。在这种时刻，也允许他戴上耳塞，减少他在安静环境中感到的背景声音对他的干扰。此外，在为亚当决定适当的工作环境时，也需要考虑他对于声音过度敏感的特性，因此，他被安置在当地的图书馆，那里的背景噪声极小。

另一个让亚当感到不安和焦虑的场所是排队自助取餐和在大型餐厅进餐。在餐厅，包括噪声强度和食物气味等感觉刺激都会加重他的焦虑。这也会导致亚当有时宁可不去餐厅用餐，也不愿面对这种令人紧张的情境。尽管很难对餐厅物理环境的结构进行改变，但是一些策略还是可以帮助亚当去适应这个环境。学校允许他在午餐时间之前提前选餐，以便他的午餐可以保持温热。即使是他排队站在队尾，也允许他可以坐在餐厅尽头的最后一个座位就餐，那个位置让他感到非常安全和舒服。当他无法忍受噪声时，允许他使用耳塞；也允许他每天都坐在相同的座位上，坐在就餐区的外周。当午餐时间有外访人员时，会在座位上贴有"预留"标签。当亚当感觉非常紧张时，也可以把午餐带回到学习支持基地用餐。

物理环境结构化的策略使亚当开始参与那些对于他构成潜在压力的活动。考虑到亚当具有社会交往方面的障碍，通过调整环境的结构，可以减少他产生焦虑和感觉过度敏感；因此，创设结构化的物理环境是使学生参与所有校园活动的重要的第一步。

本章小结

所有学校都应致力于克服学习中的潜在障碍，为学生提供发展关键技能和学习完整课程的机会。对于 ASD 学生来说，学习中的潜在障碍包括：

- 对环境或物理空间的意图缺乏理解。
- 在物理环境中容易转移注意力、分心。
- 识别个人空间和共享空间有困难。
- 感觉刺激超负荷。

对于这些挑战，我们可以从不同的角度加以探讨，结构化教学的基础是要充分地考虑个体的学习需要。通过探讨物理空间的结构，引入基本常规，可以帮助 ASD 学生对物理环境有更多的理解，并发展他们的关键技能。这些关键技能是他们进行课程融合的基础，也是所有课程不可缺少的内容（见表4.1）。

使用物理环境的结构化策略改变环境，赋予环境更多的现实意义，也是帮助 ASD 学生充分参与和学习课程的重要的第一步。学生对于物理环境结构化的要求会因人而异，各有不同，对个体需求进行细致的评估，方可了解个体所必需的物理环境的结构化水平。

那些对物理学习环境有很好理解的学生，可以更充分地参与活动。尽管物理环境的结构为 ASD 学生提供了参与课程学习的第一步，但其他一些策略，包括日程表、工作系统和视觉信息，也会提升学生的课程参与。随后章节中的策略以物理环境的结构化为基础，进一步提升学生的课程融入度。

表 4.1 物理环境结构化与关键技能的总结

沟通	当个体学生感到自信、安全和独立时，沟通也会得到有效的支持。物理环境的结构化是实现这一目标的第一步。
与人合作	物理环境的结构化是使学生在工作和游戏中发展社交技能的第一步。在教室或户外，清楚的界线可以提供视觉结构，增强视觉辨认；选择座位位置和提供座位计划，可以给学生提供常规，增加可预见性；降低分心和过度刺激，反过来可以提升学生的安全感和情绪稳定；当被要求与他人合作交往时，良好的情绪也可帮助学生感觉舒服和自信。
问题解决和思维技能	物理环境的结构化提供了有关学习环境的信息，使学生开始预测在特定学习空间里将要发生的活动。预测活动可以给个人带来自信和独立，也是个体发展问题解决和思维技能的重要前提。此外，在结构化的物理环境中开展活动也为学生提供了进行选择的机会。
独立	物理环境的结构化是发展个体独立技能的第一步。物理环境的结构化包括：发展对教室和学习环境的理解能力，独立穿行于校园环境；在活动、教室和户外之间能做到独立转换。

第五章 可视化日程表：发生什么事情

概要

　　可视化日程表可以提供活动先后顺序的重要信息，也可以提供有关"是什么、在哪里、何时、和谁一起"等多种信息。每日的日程表可以给学生提供视觉提示，告诉他们这一天之中将要发生的事情及其先后顺序。这些提示有助于学生将注意力聚焦在他们每日需要负责的任务上，也可以让他们预知和理解即将在他们身上发生什么事情，以及事情的先后顺序。日程表的设计可依据学生的理解能力而有不同的层次水平。最常见的日程表有实物型、图像配文字型、图卡或照片、文字等不同类型。日程表也越来越多地出现在个人便携式的电子设备上，如智能手机或平板电脑。对于个人而言，理解日程表是重要的先决条件，这样才能够独立运用日程表从一件事情转向另一件事情。

　　在运用日程表时有几个要素必须考虑，并针对个体学生进行调整。第一，日程表的难度水平，这一点前面已经提过（如实物、图片、文字等不同类型）。使用哪一种难度水平的日程表，取决于学生的视觉认知水平。第二，日程表的长度。日程表给学生呈现的可能包含单项任务、首先/然后、一次完成三到四个活动、半天、全天、每周和每月计划内容。需要思考的问题有：学生能否通过视觉提示遵从活动的先后顺序？他们能够理解"首先……然后……"的顺序吗？如果他能够理解这些概念，那么日程表就可以一次包含不止一个项目。

孤独症学生使用日程表的方式也很重要。积极的参与体现于多种形式，可以设计一种能够使孤独症学生积极参与课堂的有效活动，或者可以给学生提供视觉信息，向他们展示事情的进展如何，以及还有哪些活动将要发生。有些学生会拿着日程表中的文字、图片或者实物到下一个活动，并将它们匹配在相应的文字、图片或者实物上。有些学生可能会将已经完成的日程活动卡片翻扣过来，或将其划消，或者在纸上该事项附近打上检核标记。重要的前提是，在日常使用日程表时要形成一种常规性的做法，这样孤独症学生就可以积极地参与使用日程表，从一项活动转至另一项活动。检查日程表的常规可以满足学生对于一致性的需求，使日程表的内容衔接得更灵活。在教导学生掌握检查日程表的常规方法时，应该考虑个体需要及文化因素。通常，教导学生是按照阅读的方向，从左到右或从上到下查看日程表。不过，学生也可以按照他们最熟悉的或正在使用的阅读方向，从右向左执行日程表。在决定日程表的常规使用方式之前，有必要与学生的家人商讨，因为学生的偏好可能与家庭的实际状况有关。

日程表放置的地点是另一个需要考虑的重要事项。对于那些有重度孤独症且有严重学习困难的学生来说，老师可能会将日程表的信息直接传达给他们而取消过渡环节。这样做可以使学生不感到困惑，因为学生可以先去日程表的位置，之后就进入一个活动。而对于其他学生，可能会在桌面或者墙上有一个放置日程表的过渡区，可以在这里找到他下一个活动是什么。当需要过渡的时候，老师会使用一张过渡卡，上面通常写有学生的名字。学生戴着姓名卡到日程表所在的过渡区，然后按照日程表的指示进入下一个活动。

对于某些学生来说，他们的日程表是可携带的，如显示每天活动安排的笔记夹，或是普通日历，或者记录活动顺序的时间表。便携式日程表适用于主流环境中那些能力较强的个人或者可以融入其他班级或学校的学生。掌上移动设备的广泛使用，为更加独立的年青一代发展实用、便携的日程表/日历提供了机会。事实上，这类设备已广泛流行，被越来越多的人在广泛的情境里使用，这意味着 ASD 人士在使用移动设备的时候，与周围人并无异处。教会学生利用移动设备使用日程表或日历将是受用终生的有效策略。

日程表可以使学生准确地知道一天内该做什么，并可独立地从一个活动转至另一个活动。日程表有助于学生增强自身的灵活性，帮助他们面对变化或"意外"。当学生可以遵循日程表做事的时候，也就能够理解老师的期望。对于有必要发生的变化，他们也能够清楚地知道变化是什么，而不致引发焦虑。

使用日程表促进课程融合

无论使用的日程表是哪一个层次水平，其原则都是使学生以多元的方式参与更广泛的课程学习。日程表的概念对于学校来说并不新鲜。的确，学校生活就是按照时间表的顺序进行的，学生与成年人能够知道在特定时间会发生什么事情。然而，ASD 学生在遵照课程时间表行事上会感到困难，他们需要有个别化的日程表或时间表。

通常，ASD 学生无法融入课程的所有领域，这是因为他们无法理解预期所发生的事情，例如，他们会很难理解每天发生的事情，也不能表达他们的困惑，这也常导致他们出现行为问题。有些学生会主动拒绝学校的一些日常活动，甚至是大部分的活动。有些人会反复地问会发生什么事情，并变得越来越焦虑。由于担心可能发生什么、不会发生什么、以后会发生什么，这会使他们专注当前活动的能力受到阻碍。通常，学生无法预测事件发生的时间顺序，也无法预期和提前准备活动。当常规发生改变的时候，他们也无法应对。在课程学习方面也会发生这些情况，因而会导致他们学习中的障碍，需要采取不同的策略帮助他们参与广泛的课程活动。使用可视化日程表是为学生发展其结构和预见能力的一种策略。个人的日程表可以帮助学生理解学校的日常活动顺序，以学生可以理解的方式提供信息，减少学生的困惑，鼓励和促进学生广泛地参与课程活动。个人日程表通过以下方式可以促进学生广泛地参与课程：

- 改善老师与学生间的交流；
- 促进学生对于发生什么，何时、何地、和谁等问题的理解；
- 提高从课程到课程的衔接能力；
- 提高遵循时间表的能力；
- 减少焦虑；
- 增加学生的灵活性与可参与活动的范围。

参与课程学习依赖于学生的理解能力，学校的课程表也才会更有意义。这里需要注意的是：日程表只是提高课程参与度的一种策略。日程表并不能提高对课程内容的理解，也没有解释怎样完成活动，但对于学生理解学校中将要发生什么事情至关重要。在对物理环境进行结构化设计之后，接下来的一步通常就是使用日程表拓宽学生的课程学习，增加学生对课程的参与度和理解力。

日程表通常具有个别化的特征，依据学生的个人需要与认知能力而确定，也可以根据学生所在的不同环境而调整改变。下面的例子针对日程表的种类范围，以及如何应用日程表提高不同认知水平学生的课程参与度展开说明。这些例子对日程表如何促进学生的课程融入也进行了阐述。这些例子并不详尽，只是用来说明这种方法的基本原理，以及日程表可以帮助学生参与不同课程的一些具体方式。

尽管在举例中日程表的具体类型是与特定课程相联系的，但大家需要记住的是：所有不同水平的日程表都可以在同一种课程领域中应用。例如，"个人和社会技能"领域的发展，是通过使用照片式日程表加以说明（参见里基的案例研究）。对于另一名学生，则可能采用的是实物日程表、图片日程表或文字日程表。日程表使用的水平通常取决于个体的发展和认知能力。对学生理解能力进行仔细的评估，有助于决定日程表使用的水平。评估也需要持续进行，以确定学生在什么时候可以转向另一个层次水平的日程表。指导原则一是要确定日程表的水平，使之最有可能增进学生的理解并提升其独立能力；二是如何使用日程表（无论哪种水平）拓宽学生的课程参与。

个人、社会性和情绪发展

任何早教课程都是以个人、社会性和情绪发展为基础的，这一领域的学习包括发展儿童的自信和动机，以便为学习准备打基础。情绪焦虑、对一日活动感到困惑的儿童不可能达到"准备学习"的状态；使用视觉结构，创设安全而有保障的结构化日程，发展正向常规，为发展儿童的自信心，提高其理解力和学习动机提供了有效策略。一些 ASD 学生无法从一个活动顺利过渡到另一个活动，有部分原因是因为缺乏对期望事件的理解。结果导致他可能拒绝参与任何活动，或者不愿意从喜欢的活动中转移出来。这也常会导致他们产生极度焦虑，难以控制自己的行为，导致课程学习受限。例如，那些无法理解幼儿园活动的学生，他们将无法感到自信，除了自己喜爱的活动，也不可能有动机参与任何活动。实物是视觉提示的第一级水平，可以增添实际意义，提高一些 ASD 学生的理解能力。

使用实物

实物通常被看作视觉信息的第一级水平，借用实物可增加活动的实际意义，促进理解，帮助学生从一个活动过渡到另一个活动。使用实物这种视觉化信息，也是增进学生广泛参与课程的关键一步。很显然，只有当学生在课程活动过渡中毫无焦虑之感，可以参加广泛的活动，而不是仅仅沉迷于自己偏爱的活动时，个体才有可能真正地融入课程学习。一旦学生可以理解实物代表着活动和事件，可以完成一个活动，再进行下一个，那么他参与课程学习的机会也就增加了。用于过渡的实物，可以有多种呈现方式。给予儿童一个实物，这个实物代表着下一个他要进行的活动，同时作为活动的一个组成部分，也会在活动中实际应用这个实物。例如，一个杯子可代表零食时间，同时也指示孩子可以把他喝的饮料倒入他的"过渡"杯中。也可以使用替代性的参照物代表要过渡的活动，而不作为活动的组成部分。例如，杯子暗示零食时间，但是当他到达零食区的时候，他把杯子放在"目标"盒子中，而在零食时间使用另一个不同的杯子。日程表中可以使用迷你型的实物及实物部件，只要这些实物或部件对个体具有实在的意义。最后，使用实物不一定要具有功能性，或者与它们所暗示的活动有关联。例如，使用一枚塑料代币表示休息时间。评估个体的理解能力，考虑个体发展和认知能力因素，对于确立实物提示的适当水平至关重要。一些学生需要在活动中真实地使用他们过渡用的物品，以获得对（事情）因果的理解。有些学生则不需要实际使用过渡物品，就可以理解它代表着一种活动。如果学生可以理解实物提示的最后一种类型，那么就可以准备给他使用一种物体/图片联合型的日程表。下面的例子说明了如何使用实物帮助幼儿理解将要发生什么活动。

案例研究

用于过渡的物品

山姆，3岁，被诊断有孤独症且学习困难。他就读于一所融合幼儿园，由一位学习辅助教师给予全程支持。山姆的口语和非口语理解能力十分有限，只对一些单词有反应。山姆无法理解幼儿园的环境，他的学习辅助教师感觉这个环境对于山姆太过嘈杂和混乱。结果是，山姆找到了自己喜欢的活动。在沙盘区，他反复用手指将沙子撒落在地板上。如果有人鼓励他去参加其他活动，他就会变得很烦躁，用手指堵住耳朵并发出哼鸣声。山姆参与课程的学习严重受限。他有时可以加入零食时间的活动，用水彩笔涂鸦，或在角落里看一本书。

山姆个别化教育计划（IEP）的近期目标之一是：当指引他参加活动时，他可以走过去，加入一个活动。这个目标与个人、社会性和情绪发展的目标密切关联，通过使用实物进行过渡，鼓励他积极地体验新事物，有信心去尝试新的活动。

在幼儿园里，山姆的主要活动由相应的实物代表，用实物指示他下一项应该做什么活动。山姆的学习辅助教师为他确定了7种优先进行的活动，其中包括山姆喜欢的活动（沙子、书、水彩笔和杯子）和3个代表其他事件的物品（户外、厕所和回家）（见表A）。

表A

铲子 = 沙子	袖珍书 = 读书角
杯子 = 零食时间	卫生纸 = 厕所
外套 = 户外	水彩笔 = 教学桌
书包 = 回家	

学习辅助教师给山姆呈现一个实物，指示他下一步该干什么；辅助教师在给山姆实物的同时，也说出一个单词。例如，当给他杯子的时候，老师会说"零食"；之后再帮他找到活动发生的地点，逐渐减少支持，直到他能够独立地定位每个活动的地点。

给山姆使用实物帮助他理解将要过渡的活动，通过提高他的理解能力，减少其焦虑，逐步鼓励他参与更多的幼儿园活动。当山姆理解了每个实物代表的活动或事件时，教师会进一步引入带有两个实物的"首先……然后……"日程表指代两个活动的发生顺序（见图5.1）。在这个例子中，水彩笔表示"工作"，杯子代表"零食"，山姆在教师的指导下学习从左边篮子里拿"首先"要用的物品（水彩笔），接着再强化他**首先**的概念，告之你需要先做这个（用水彩笔涂鸦），**然后**，你需要做这个（吃零食）。

这种视觉结构建立了非常有用的生活常规，使山姆能够预测活动与事件的顺序，最终帮助他应对生活中发生的各种变化。

图5.1 "首先……然后……"的实物日程表显示"先工作，后零食"

发展沟通和早期思维技能

一旦学生理解了物品可以表示活动或事件，那么就可以运用物品的顺序代表活动的顺序。许多有 ASD 及学习困难的学生无法理解因果关系。当个体对顺序概念没有清晰的理解时，不知道首先我做这件事，然后我再做那件事，那么学校的日常活动似乎就会变得很混乱。这意味着让他们在第一个活动完成后再做另一个活动时会比较困难。使用实物日程表对于建立师生间关于活动顺序的良好沟通，发展学生的早期思维技能，都将是一个很好的策略。

沟通是关键的基础技能，对参与所有的课程并取得成就至关重要。同样，早期思维技能也为发展未来参与课程的技能奠定基础。早期思维技能包括：再认与获取信息、预测与预期日常活动、理解原因与结果、联结事件与体验等能力。这些早期技能对于有 ASD 及学习障碍的学生构成极大挑战，使用可视化日程表可以帮助解决这些问题。下面的例子说明的是使用实物日程表可以促进师生之间的沟通交流，教导学生预测并遵循活动顺序，使他们参与更多的活动。

案例研究

实物日程表

马丁，14 岁，在一所招收有重度学习困难学生的特殊学校上学，他被安置在有 6 名 ASD 学生的特殊班级中。马丁大多数时间都待在自己的班级，有时也会到其他一些教室上课。他正在学习适合所有课程的关键技能，定有个人的沟通目标：其目标之一是清楚他应该做什么，并恰当地做出反应。

马丁的实物日程表改善了他与老师之间的沟通，提高了他的理解力，具体而言，帮助他可以理解信息的含义。日程表给他提供了学校日常活动的相关信息，使他能够独自地在课程之间完成过渡。马丁也正在发展他的早期思维技能，特别是那些有关预测和预期活动的能力。他可以理解实物表示着活动，也学会了遵循至多四个自上而下摆放的物品活动的顺序。

马丁的日程表由教师或学习辅助教师制定，包含从早晨到休息的前半程活动，早晨到午餐休息的后半程活动及下午活动。图5.2说明的是从上到下的半天日程表，最上面的篮子代表"个人工作"，花盆代表"园艺活动"，杯子代表"零食时间"。教师会指导马丁查看时间表，拿着写有自己名字的过渡卡，与日程表起始位置他的名字进行匹配。他取下第一个物品，独自去做适当的活动，在到达目的地的时候将其与相应的物品进行匹配。

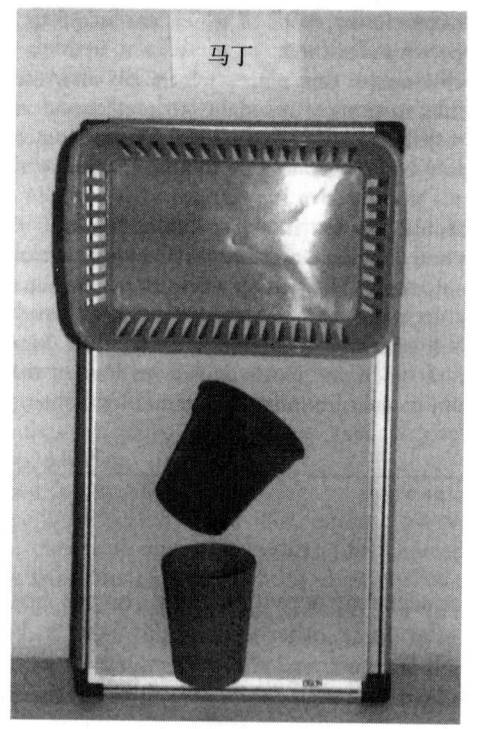

图5.2　半天的实物日程表显示的是"工作、园艺和零食"

在适当的时候，实物也可用于显示与课程相关的活动，例如，用计算器指代数学课，用运动外套指代体育课。有些物品则更为抽象一些，如用红色代币代表课间休息。在这之前，马丁一直抵触学习某些课程，例如，他不喜欢美术课用到的某些材料的气味和手感，这会使他非常焦虑，以致他宁愿躺在地板上也不愿意去美术教室。可以在感觉层面考虑采取一些策略，慢慢培养他对感觉的忍受力，减少感觉的过度刺激和分心（见第四章）。这些策略也可以通过日程表加以实施。具体而言，他的日程表里要有他喜欢的活动或事件，这一点对他非常重要。当日程表里出现美术课的时候，通常紧接着的就是他喜欢的活动（例如浏览杂志）。这种做法可以帮助他应对美术课上的问题，让他知道美术课结束后就是他喜欢的活动。用这种方法鼓励他参与他之前曾经拒绝的学科课程。

现在，马丁可以利用日程表的帮助，独自去其他教室和学校周边的区域。和山姆一样，这也是他们参与学校课程的重要的第一步。马丁理解他的时间表，也有能力独自遵照时间表做事。当马丁使用日程表越来越独立和自信的时候，我们会鼓励他参与社区活动。在使用实物日程表之前，他离开学校时会非常担忧；每当班级要去社区活动的时候，他也总是落在最后。通过使用实物日程表，马丁可以参加社区活动，因为日程表让他了解他要去向哪里，之后还可以回到学校。这样，马丁便可以了解当地情况，并开始使用社区里不同的服务和游乐设施，这些都与地理课相关，同时也可以为他的未来做些准备。

马丁从特定的商店和场所中认识了各种图标，这些标志也可以帮助他更好地理解日程表，支持他预测和理解他的班级将要去参观哪一家当地的游乐设施。此外，马丁的老师也正在尝试在他的物品上附着照片，以便下一步可以过渡到照片形式的日程表。

通过使用实物日程表，马丁能够理解并获取信息。当对将要发生什么事情、在什么时间以及在哪里发生等信息有充分的理解时，他就开始能预测和预期活动。他现在可以理解日常发生的活动，他和老师的语言沟通也变得越来越有效。马丁也获得了某些独立能力，这对于提升他的自尊和心理健康至关重要。由于马丁对先前拒绝的课程逐渐有了预测，所以可以参与的课程也进一步得以拓宽，这也让他在深入社区的活动中变得更加自信。

控制自己的行为

尽管日程表传递的是活动顺序的信息，但它们也不仅仅是"时间表"，在有所关联的其他课程方面对学生也会有帮助。个人与社会性技能对于所有学生都是关键性技能，对于ASD学生来说，发展这些技能的重要性不可言喻。控制自己的行为是需要教导的一项重要能力，在这方面，使用日程表可以帮助学生控制和调节自己的行为。对于一些有ASD且伴有学习困难的学生来说，他们的行为对他人可能会构成极大的挑战。由于缺乏沟通能力，不了解接下来会发生什么事情，他们可能会产生挫折，会发展更强烈的狭隘兴趣，行为更加强迫或具有仪式性，只会从事他们自己偏爱的兴趣活动，而拒绝所有其他活动。由于无法理解活动的顺序，这种情况会更加糟糕。例如，如果你不知道什么时候，或者你是否还可以把某个东西拿回来的情况下，那为什么还要放弃它呢？使用可视化日程表可以帮助学生更好地理解活动顺序。如果学生们知道他们什么时候可以从事自己喜欢的兴趣活动，那么他们可能更愿意参与其他的课程与活动。由于一些学生能够识别和理解照片或图片，这些也都可以用在日程表中以加强学生对学校一日活动顺序的理解。下面的例子说明的是如何使用照片促进学生更广泛地参与同非ASD同伴之间的社交和结构性游戏活动，并帮助他们控制自己的行为。

案例研究

照片日程表，对符号进行教学

里基，6岁，有ASD且学习困难，在一所招收各种特殊儿童的学校中接受专门的孤独症教育。他多数时间都是在特殊班里活动，但是每周有两次与班级其他没有ASD的同学一起参与社交活动和结构化游戏活动。里基在活动中非常活跃，从一个活动跑到另一个活动，有时也与其他儿童和成人一起活动。里基有一些他喜欢的活动，看书就是其中之一。他不愿意停下自己喜欢的活动而去参与另一项不太喜欢的活动。有时如果别人让他停下来，他会对人产生攻击行为。他参与课程的学习十分有限。

在教室，给里基使用照片日程表，目的是教他有关教室活动的顺序，鼓励他参与更多的活动且不对他人有攻击行为。里基的日程表最多包含5张照片，自上而下排列在教室安静处的墙板上。图5.3呈现的是他的日程表，其中显示了圆圈时间，之后是个人工作和零食时间。里基需要给予一张有他名字和照片的过渡卡，以便指引他去日程表所在的位置。他取下日程表最上面的照片并带着它来到目标地点，把照片放在活动附近相对应的袋子里。他很快就表现出可以理解照片的含义，这样在每张照片上方再加上一个小的符号标记，以便为日后符号日程表的介入做准备。

最初为里基制作的日程表，包含多次机会可以从事他的特殊兴趣与活动，其他课程活动只是短暂性地点缀其中，这样做的目的是强化他一些概念和常规，如"**先算术，再看书**"。里基的日程表对提高他参与活动的能力及保持短时注意力都有重要的影响，因而被随后引入他融合的班级活

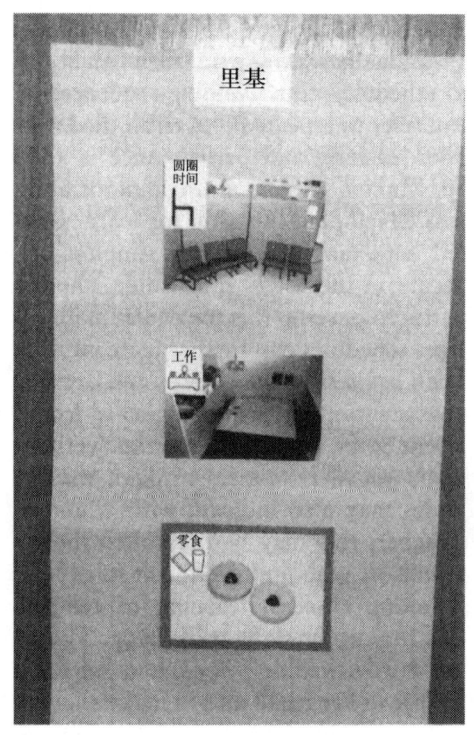

图 5.3　照片 + 符号的半天日程表

动中。学习辅助教师会在上课前为里基制作好他在融合班级里的日程表。我们最初设想其他孩子可能对此感到有些奇怪,也有可能会嘲笑里基。然而,教师却高兴地发现班上的其他同学开始以画画或文字的形式制作自己下午的"日程表",并为如何度过下午时光而计划活动、做出决策。

里基正在学习独立地使用他的日程表,理解活动顺序并遵照时间表做事,而不是漫无目的地游荡,这样也可以减少当活动完成时他脾气爆发的概率。运用日程表可以帮助里基提高理解能力达到控制他行为的目的。

与他人交往,做选择与决定,参与不太喜欢的课程

与他人交往是任何课程都包含的一项关键技能,它对于所有学生都非常

重要。社会性技能是发展与他人交往互动能力的基础。很多 ASD 学生会对这些特殊技能感到有挑战性；例如，与不太熟悉的成人交往，或者应对工作人员的变动，这些都会导致他们强烈地拒绝参与活动。为了帮助 ASD 学生更好地参与课程，这也只是需要我们给予重视的一个领域，尤其是当学生需要与不同课程的成人打交道的时候。使用可视化日程表，可以显示特定课程的授课教师或者学习辅助教师是谁，让 ASD 学生对此更加确信；也可以在可视化日程表中给予特别标注，以提醒 ASD 学生注意所发生的变化，从而对变化有所预测。

早期的思维技能对于所有学生同样很重要。例如，回忆信息以便记忆那些完成任务所需要的活动顺序或者步骤。很多 ASD 学生需要一种鹰架式策略发展这些技能，逐渐再发展他们回忆信息的能力。在日程表中可以添加活动，以构建学习者需要学习遵从的顺序，使学习者可以反复参照并回忆信息。

学会反思并提高自己的学习和表现是所有学生都需要发展的另一项技能。对于一些 ASD 学生而言，即使是面对最简单的选择，他们也会感到有困难。做选择和表达喜好是发展 ASD 学生此项技能的重要措施。为了给学生提供机会发展这种特殊技能，一旦学生对使用日程表感到熟悉与安全，那么就可以将做选择的环节融入日程表当中。

那些能遵循较多项目日程表的学生，对活动顺序可能有更深入的理解，并且也能开始做出选择与决定。这种日程表可以很好地解决 ASD 学生对事件在何时发生而反复提出的疑问。有些学生可能无法记住对于这些问题的言语回答，却可以从使用的日程表或其他视觉提示中获益。日程表也可以表明学生将要和谁一起工作，比如是哪位老师。这对于那些抗拒与不太熟悉的成人交往的学生，或者那些感觉难以应对自己熟悉的教师或学习辅助教师不在现场的学生来说，日程表可能会对他们有所帮助。做选择、学会记忆以及与他人交往都是需要学习的重要技能。下面的例子说明的是使用符号/文字日程表使一个学生能够与越来越多的工作人员合作交往，她的回忆能力得到提高，并且能做出简单的选择。有些学生能够识别越来越多的符号化视觉信息，并能运用符号式的日程表。

案例研究

半天的符号日程表

蕾拉，9岁，有孤独症和学习困难。她在一所普通小学专门为有特殊教育需要的学生服务的特教部上学，特殊学生中有两人是ASD学生，特教部是这所融合小学的一部分。蕾拉的短时记忆能力和注意广度较差，无法对一天中发生的事情回忆顺序，这导致了她的焦虑与困惑，她也常常拒绝上某些课程。此外，蕾拉不愿意与不熟悉的成人一起合作。因此，她会经常拒绝与融合班级中的教师及代课教师合作。这意味着她不可能参与非本班教师教授的那些课程。如果想要蕾拉参与更加广泛的课程，蕾拉的老师认为，蕾拉特别需要学习与不同的人交往合作，并将其确定为优先发展的目标。最后，蕾拉在遇到要求她做出选择的情况时，会有焦虑表现。教师运用日程表，鼓励她独立地进行课程转换，与不同的成人交往合作，并在做选择时变得愈发自信。

蕾拉有一个半天的符号日程表，内含至多5个符号，按照从左向右的顺序呈现在钉板上（见图5.4）。这个日程表是在征求了蕾拉父母的建议后制定的。蕾拉的父母认为，尽管他们熟悉从右向左的文本顺序，但他们更愿意蕾拉遵循从左向右和从上到下的顺序，因为这是蕾拉在社区日常生活中最有可能遇到的顺序方式。因此，蕾拉被教导按照从左向右和自上而下的顺序寻找信息。蕾拉的日程表放在本班教室中她工作区的位置。她从日程表中取下第一个符号，去学习相对应的课程，当到达目标地点后,将符号卡片放入对应的口袋。符号通常配有文字说明,这会帮助一些学生在日后可以遵循文字的日程表。在日程表中使用熟悉的文字,就可将其作为一种帮助学生学习视觉词汇的工具加以使用。这种方式让学生在具有功能性的情境中去学习一种技能,例如,读取信息。

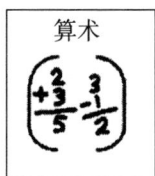    

图5.4 符号/文字半天日程表

当蕾拉的日程是要与普通班老师合作的时候,老师的小照片就会粘贴在适当的符号卡片上,这样她就会知道将要做什么以及和谁在一起工作。当有不同的老师接管班级时,那么他或她的照片将代替平日教师的照片,以便提醒蕾拉,让她知道有一个不同的老师将和她一起工作。这种做法已被证明非常有效,蕾拉现在可以和很多不同的人交往合作,包括不同的辅助教师及课堂助手,只要他们出现在日程表中即可。

当蕾拉融入主流普通班级时,她会携带笔记夹,使用符号日程表。她要去上课的那个班级的成人照片会附在笔记夹里,这样,蕾拉就可以融入主流班级当中,并与不同的老师们合作。这种日程表让蕾拉感觉非常安全,她可以独立地使用它,也不会太拒绝参与某些课程。在使用日程表的过程中,通过学习管理自己的时间,遵循日程表来承担完成任务的责任,蕾拉也发展了她的组织技能和学习能力。

此外,随着蕾拉的自信和独立性的提高,她现在也能够做一些简单的选择,因此,"选择"也被融进她的日程表中。那些可触及的选择项呈现在选择板上,鼓励蕾拉在学校中做出选择(见图5.5)。

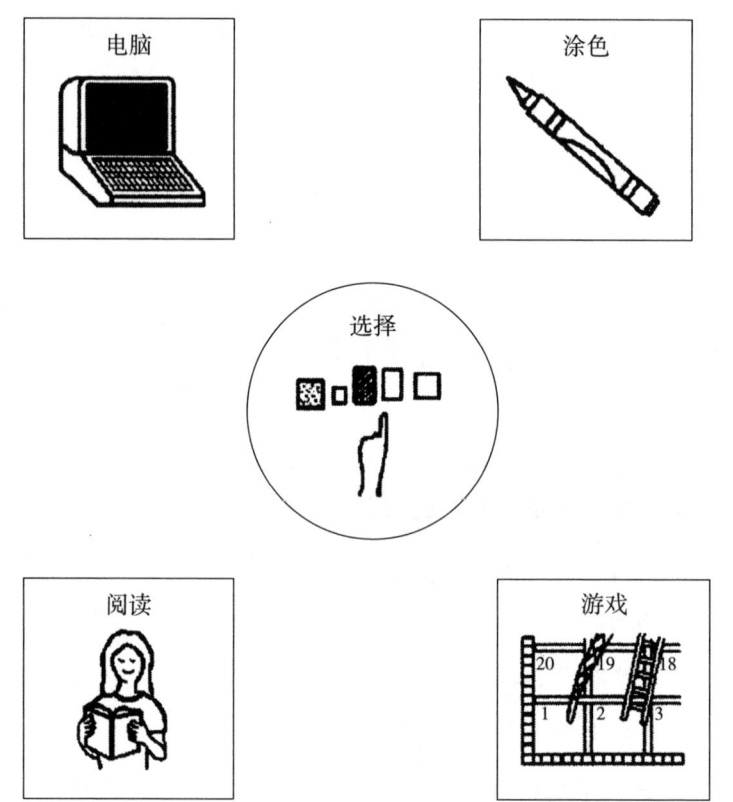

图 5.5 选择板

做选择是另一项重要的技能，也是 ASD 学生最感困难的一项技能。蕾拉正在学习"休闲和娱乐技能"相关联的选择。在这一阶段使用选择板进行简单选择，并为蕾拉日后课程学习中进行更复杂的选择做准备。

使用选择板也是一种有效的管理课堂策略。有些选择板一次只供一个孩子使用，但也有一些选择板可以供同一个班级中的几个孩子使用。如果老师不想多个学生都用同样选择的话，那么在班级的选择板上就只提供一张选择卡。同样，如果老师想鼓励两个（或更多）的学生玩相同的游戏活动，那么老师就可以在选择板上放两张或多张选择卡片。比如，对于年龄小的孩子，如果无人看管他们，他们有可能因为争抢火车卡片而打起来，因此，在选择板上可能就只含有一张火车模型图片。同样，如果老师想鼓励两个孩子一起玩火车卡片（必要的话也有人监督他们），那么在选择板上就可以放两张火车卡片。

蕾拉的日程表帮助她发展了很多技能，这些技能对于她提高独立性，积极参与和促进学习都至关重要。她正学习用视觉化策略辅助自己回忆并遵循活动顺序。通过给她提供关于变化提醒帮助她预测，蕾拉与很多大人们的交往合作也得到鼓励和支持。她也有很多学习机会发展她做出简单选择的能力。下面更深入的一个例子说明的是，如何延展日程表的功能满足不同学生的需求，提供学习机会，发展学生的早期思维技能。

案例研究

支持小组工作的日程表

库帕特、迪帕克、艾哈迈德和桑杰都是十八九岁的小伙子，他们就读于印度一所专门招收孤独症谱系学生的特殊学校。他们每天都去学校并参与学校中的各种活动，其中也包括职业培训。

个人日程表让学生们每天都能独立地遵循活动顺序。四名学生用的都是全天日程表，日程表以文字和符号形式呈现。库帕特、迪帕克、艾哈迈德三人的小组工作卡片上附有同学的照片，用来提醒他们将要和谁一起工作。在日程表上，小组工作安排在早间休息之后，它后面紧跟一项休闲活动的选择；这样，具有潜在压力的小组工作就被夹在零食与活动选择之间（见图5.6）。将不太喜欢的活动夹在两个喜欢的活动中间，这种做法有助于激发学生参与需要小组合作完成并有一定压力的活动。这种加在中间的夹层策略可以鼓励学生参与多种多样的课程或是有潜在困难的活动。

桑杰有一个"首先，然后"的日程表，表示他先吃午餐，然后再工作。午饭之后，他会被提醒检查日程表，同时会有一个同学将一篮子信件带给他，这些信件会提示：他的工作是把信件送到学校的各个部门。这个日程表使用的案例说明的是，如何使用日程表鼓励学生们参与小组工作。采取个别化的策略也可以让某些学生在小组工作中发挥作用，即使是他们还没有能力，或者还没有准备好可以和其他人一起工作。

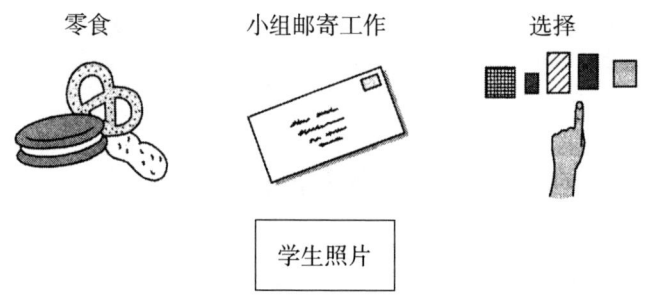

图 5.6　在喜欢的活动中间夹有不喜欢活动的日程表

案例研究

固定的文字日程表：参与不感兴趣的课程

艾米丽，15岁，在北卡罗来纳州一所非营利的私立学习中心上学，该中心设有小学部和中学部。她喜欢在电脑上玩游戏，浏览视频网站的视频。在学习中心，艾米丽显得很独立。她能很好地理解她的个人工作系统。当她变得焦虑、烦躁的时候，会把注意力集中在日程表或者工作系统中突出标注的"做什么""做多少"等文字，通常，"选择"这个词也足以让她安静下来。

艾米丽有时会因为她的担心与焦虑而注意力分散。例如，她会担心某些特定课程的上课地点。文字日程表可以很好地缓解艾米丽的担心和焦虑。文字日程表放在她主教室书架顶层的笔记夹里。艾米丽的日程表告诉她"做什么""在哪里做"等重要信息，并帮助艾米丽保持专注和冷静。为了鼓励学生参与更多的课程，保持学生的情绪健康与稳定也非常重要。对于艾米丽来说，日程表是让她保持良好情绪的重要手段之一（见第九章，还有其他一些支持她保持良好情绪的策略）。

在艾米丽的日程表中，特定的课程用不同颜色加以标注，并与笔记夹的颜色一致。笔记夹提供了相关课程的工作系统（见第七章）。例如，食品工艺课是计划在厨房中进行的，旨在帮助艾米丽尝试新的食物。在艾米丽"周二的日程表"中（见图5.7）可以清晰地看到"厨房"文字，"厨房"的文字用绿色标记，以提醒艾米丽要拿含有课程工作系统的绿色笔记夹（见第六章，艾米丽的工作系统）。

艾米丽的周二日程表

☐ 报到

☐ 练习（蓝色练习夹）

☐ 和老师一起工作

☐ 喜来登咖啡馆

☐ ？？？ _____

☐ 独自工作

☐ 收发室（红色笔记夹）

☐ 放松练习

☐ 厨房（绿色笔记夹）

☐ 图书馆中的社交小组活动

图 5.7 文字日程表：控制担心与焦虑

注意：日程表中加入的彩虹图片是为了吸引艾米丽，迎合她的喜好，使她更愿意参与日程表的活动。日程表一定程度上使艾米丽可以确认每天的活动，尤其是厨房准备工作。在厨房进行的食品工艺课上，老师鼓励艾米丽尝试品尝一些她之前没吃过的水果。由于她十分讨厌某些水果，这样的课程有可能会引起她的焦虑。因此，在它之前安排有放松训练，之后安排的是图书馆中比较安静的活动。然而，教艾米丽学习其他可以自我控制焦虑的策略也十分重要。

早期思维技能

发展 ASD 学生的思维技能具有一定的挑战性，因为思维技能需要有推理、探究和评价等能力。即使是那些在很多课程领域拥有中等及中上能力的 ASD 学生，他们在思维能力的发展上也会存在困难。因此，发展他们的"早期思维技能"，如"记忆"和"预测"能力，会对复杂思维技能的学习产生很大帮助。

思维技能的发展是嵌入在课程内的一项重要内容。所有学生都必须"知道怎样"学习，对于 ASD 学生来讲，"学习如何学习"也应渗透在所有的学习领域。ASD 学生对于推理这样的思维技能会经常感到困难，他们需要在所有课程中加强这种技能的训练。在日常生活中也应提供学生机会，发展他们的思维技能，鼓励他们解决日常生活遇到的问题。日程表提供了学生做选择和决定的机会，可以鼓励个体学习问题解决的方法，它们也可为特殊教育环境中的学生融入普通教育活动提供机会。

案例研究

全天的符号/文字日程表

大卫，11岁，是一名在特殊教育学校上学的ASD学生，正在准备升入中学阶段继续学习。大卫有良好的识字能力。尽管他无法理解虚构的事物，但可以阅读指导说明，理解伴随符号的文字信息。他有很多的特殊爱好，包括对数字、天气和温度的特殊兴趣。大卫在当地一所普通小学融合班上一部分数学课。大卫有一个全天的符号/文字型日程表，放在教室的笔记夹中。他的日程表设置了全天的活动，按照从上到下、从左到右的顺序执行（见图5.8）。日程表采用电脑制作，分成上午和下午两部分。大卫会使用一个彩色的"框"圈出他当前正在进行的活动，当这一节课程结束时，将"框"向下移动至下一节课，并画掉已上完的课程。他不需要携带符号卡片，因为他有能力记住要去哪里，且不会在上课途中被某些分心因素干扰。

大卫现在可以就日程表安排的活动与老师们进行商议，老师们也鼓励他对一日活动进行选择和决定，并将它作为发展大卫思维技能的先行步骤。大卫的老师将做决策确定为大卫优先发展的目标，并决定率先在大卫的兴趣和优势领域进行选择，以鼓励他更加自信地做出选择。因此，大卫对天气的特别兴趣被老师所利用，以帮助他决定经常令他困扰的一些事情，如在休息时间是否要穿外套。在日程表的游戏时间有两张符号卡片：一个是在游戏时间穿外套，一个是游戏时间不穿外套。每张符号卡片对应一套天气图标和一个温度计图标（见图5.9）。

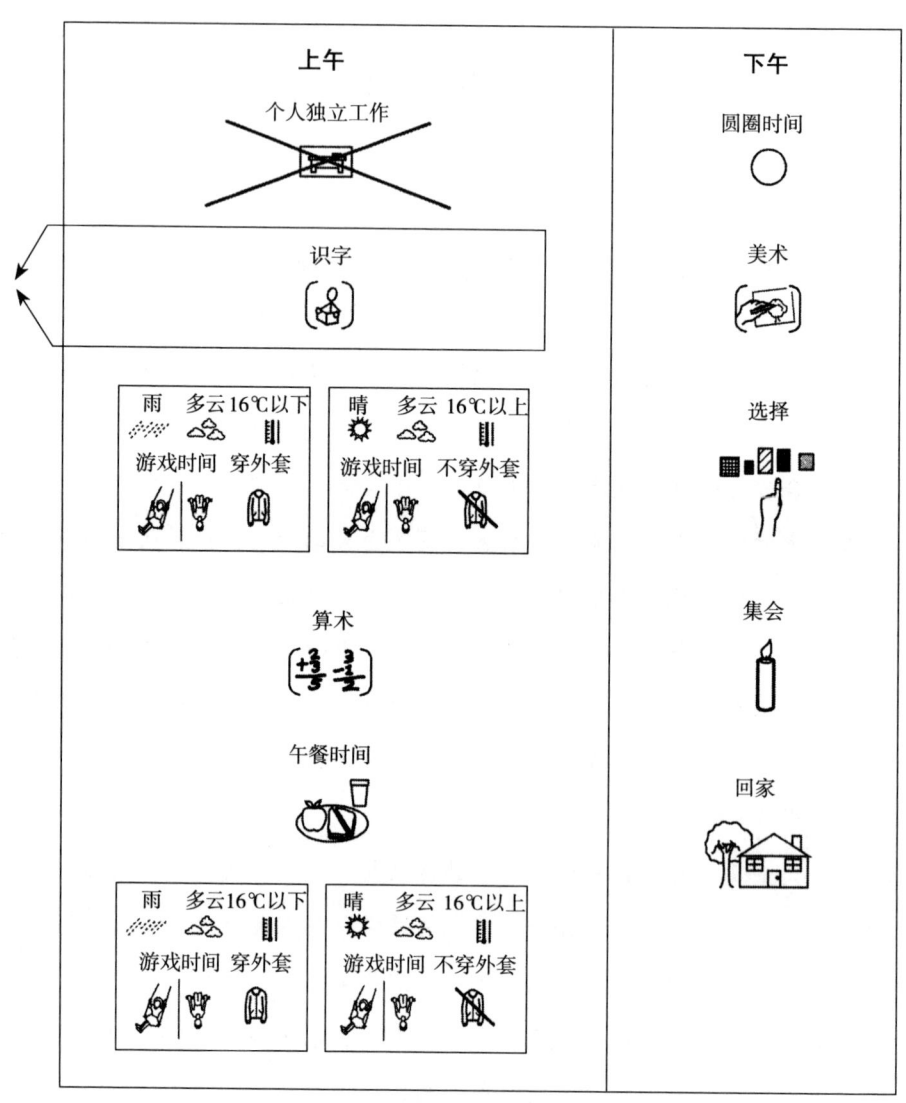

图 5.8　全天的符号 / 文字日程表

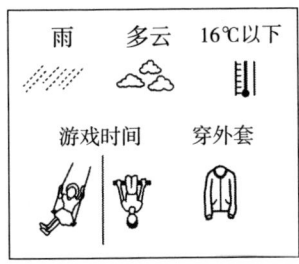 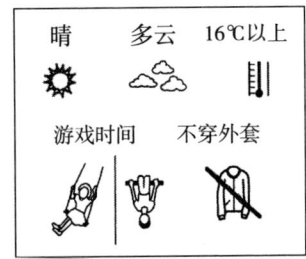

图 5.9 使用日程表鼓励学生在游戏时间做出简单的选择

老师鼓励大卫透过窗户察看天气状况，并对教室内的温度计进行观测，以帮助他决定是否要穿外套。因此，日程表不仅显示了休息是在什么时间，而且会鼓励大卫对游戏时间是否穿外套做出决定。通过在日程表中呈现不同的选项，大卫得到帮助，在其他活动时间也可以做出选择决策，那么大卫必须找到其中的重要信息才能使他做出选择。除了学习解决日常问题之外，这种例子也直接与学科课程相关联，比如本例中的地理课。也可以采取类似的策略，帮助大卫在其他课程和活动所需要的东西进行选择。例如，体育活动器材的选择可以鼓励大卫选择利用合适的资源。

当融入普通班的时候，ASD 学生可能会产生学习上的潜在障碍。增加的焦虑可能会导致更大的混乱。所学的内容不一定在新的环境做到泛化，个体也会在这种高要求的环境中感到能力低下。在 ASD 学生参与普通班融合学习的计划中，日程表是经常采用的策略之一。

当大卫在普通班融合上数学课时，会拿着一个活页夹，里面有他和老师协商制定的便携式日程表。当大卫升入中学接受教育服务时，这种策略同样可以使用。对于要去往不同的班级以及社区中的其他机构学习的学生而言，提供他们一种便携式日程表是非常重要的；这种便携式日程表可以有多种形式：包括笔记夹、微型白板、个人信息管理设备、活页夹，以及越来越多地使用移动设备，如智能手机和平板电脑。使用日程表是帮助大卫融入普通班级，参与部分课程学习的一种策略，这种策略可缓解他的焦虑情绪，确保他对将要发生什么事情有所理解和预测。

文字日程表

文字日程表也可采用同样的方式加以使用，只是它更加灵活，有更多的呈现样式。这些日程表看起来与我们每日生活中使用的日记、日历和年计划更加类似。有些 ASD 学生在电子管理设备上应用日程表。当学生可以自如地使用他们的个人日程表时，就可以考虑进一步地使用合并有工作系统的其他策略（见第六章），以增强日程表的作用，发展其他的关键技能。下面的案例说明的是文字日程表，它可以帮助学生回忆事件将在何时发生，以及为班级提供活动"日程"，突出一周内的主要活动。

案例研究

文字日程表

萨拉，9 岁，被诊断为 ASD。萨拉在当地的小学就读，有一位学习辅助教师会在某些课上给予她支持。萨拉有良好的语言表达能力，尽管这会掩盖她在语言理解上的障碍。她的组织和排序能力很差，并且会就一周内发生的事件反复地发问，比如"今天去游泳吗？我们要去游泳吗？什么时候去游泳？"萨拉十分依赖例行常规，当没有提醒就更改一天的作息安排时，她会变得焦虑。萨拉的日程表为她提供了与人商讨、做决定和问题解决的机会。通过使用视觉化的日志提醒关键事件，萨拉的早期思维技能正在得到发展。萨拉也正在学习去感知她的焦虑，并学习一些策略以减轻焦虑。

萨拉使用的是文字日程表，由上而下排成两列，就像她随身携带的笔记夹中的一份清单（见图 5.10）。萨拉早上执行左列的日程表内容，每完成一节课或一个活动就将其画掉。然后，再按照日程表右列的内容完成下午活动。日程表可以帮助萨拉理解并遵循每天的课程安排。她对于将要发生什么事情不再感到那么焦虑，也能够应对日程表中所发生的变动，例如，在下雨天，户外游戏时间可能会改成室内游戏。萨拉的老师认为焦虑的减轻也使萨拉专注于课程，不再为接下来会发生什么而担忧。萨拉的日程表也为她提供了一日活动参照的讯息或提醒，这些提醒通常是老师要鼓励她的一些行为。

随着萨拉有能力预测活动将在何时发生，她重复发问的现象也得以减少。当萨拉可以自信地使用日程表的时候，可以加入一个"?"的标志，表示可能会发生某件事，但是我们不知道具体是什么事情。这会教萨拉去应对虽未安排在日程表中却是日常生活一部分的那些活动。

```
记住：
🖐

当我想要回答问题的时候，要举手
今天的日期是_____

上午              下午
算术              科学
游戏时间          音乐
识字              ?
午餐时间          回家
游戏时间
```

图 5.10　全天的文字日程表

除了使用个人日程表，通过全班的时间表也可以了解一周内将要发生的重要事件。如果萨拉询问有关的事件超过一次，就可以让她参看这个时间表。整周的时间表里含有符号和文字（见图5.11），这是因为萨拉对一周内发生的某些事件会纠结而产生焦虑，导致她的阅读能力"变弱"。班主任老师面向全班同学引入了周时间表，是因为她感觉其他有特殊教育需要的儿童也能从这个整周时间表中受益。

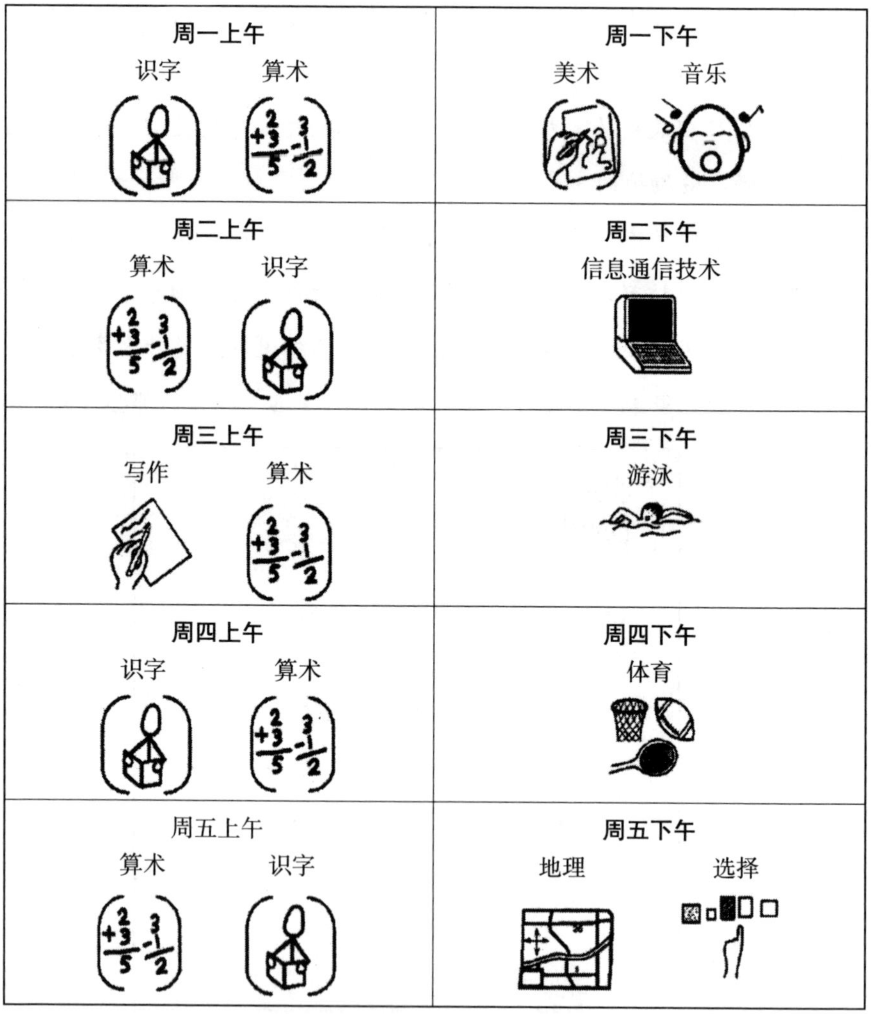

周一上午 识字 算术	周一下午 美术 音乐
周二上午 算术 识字	周二下午 信息通信技术
周三上午 写作 算术	周三下午 游泳
周四上午 识字 算术	周四下午 体育
周五上午 算术 识字	周五下午 地理 选择

图5.11　全班的符号/文字式周时间表

萨拉的个人日程表及全班的时间表，为她了解每天、每周发生的事情提供了参照工具，提高了她记忆和预测事件的能力。萨拉不再反复地询问要发生的事情，而是恰当地去参照日程表或班级日程的安排。她正在开始早期思维技能的学习，这将是她思维发展的基础。

日益复杂的日程表

当学生可以独立地使用日程表时，便可以逐步增加日程表的难度。需要注意的是，增加日程表的难度永远不要以妥协学生的独立性为代价，而是要基于个体对日程表信息的理解程度所进行的仔细评估。下面的案例说明的是，当学生取得进展时，如何发展更加复杂的日程表的一些方法。

案例研究

运用科技手段教学生独自运用日程表

索菲，10岁，在丹麦一个小镇的普通学校上学。索菲所在的班级有21名学生。索菲每周还要接受五小时的额外支持服务。索菲的所有科目都能达到预期成绩。尽管她学业能力不错，但她在组织和排序技能上仍感到困难。

索菲有一个文字日程表，可以支持她理解一周的计划和每日活动的顺序。她能够独立地使用文字日程表，每完成一项活动时，她会画掉这项活动，且能够更新并修改日程表以显示时间表所发生的改变。索菲很擅长使用电脑，尤其喜欢用平板电脑做很多不同的事情。这个强项和兴趣可以用来教她学习如何使用电子日历。索菲对适应这一新的挑战很有热情，并在辅助教师的帮助下，很快学会了如何使用电子日历查阅一周的时间表。索菲的班主任会在每个周五通过邮件发送下周的活动安排。她也学会了变化查阅日历的方式，这样就可以检查一周的程序安排，也可以单独查看一日的活动安排。班主任也会发送有关日程表的变动信息。索菲开始学习随机应变的能力，以应对校园生活所发生的不可预期的改变。

　　由于索菲对使用电子日历抱有极大兴趣，因而索菲的父母、老师及一位在孤独症领域颇有建树的咨询顾问开始商讨如何可以延展使用平板电脑。孤独症专家观察了索菲在学校和在家的表现，并与家长和教师讨论如何帮助索菲进行学习、放松和拓展技能的各种方法。学校教师和家长一致认为，在需要索菲等待的时候，她不知道在那个时候该做些什么。例如，在学校，当课程中断的时候，或是在家里需要等待父母准备好饭菜的时候。大家都同意在必要的时候利用平板电脑中的一些活动打发索菲的等待时间。在平板电脑上建立两个文件夹，一个供索菲在学校用，一个供她在家里用。老师会把基于学业的一些难题和活动放入学校文件夹，索菲的父母也会把拼图、填字游戏和其他游戏放进家庭文件夹。索菲的日历中包含一个关于她在等待要做什么的提示语：如果你的家人需要你等待，请打开你的家庭活动文件夹（绿色）并选择一个拼图或游戏；如果你是在学校不得不等待，请选择学校活动文件夹（蓝色）并选择一项任务。同样的提示也出现在索菲的日程表里。这个策略说明了如何通过拓展电子日历的功能，教导学生发展他们步入成年后需要掌握的关键技能。

问题解决、个人和社会性教育、工作技能和行为管理

融合式中学对于学生的挑战和要求完全不同于小学，这包括学校的物理空间变得更大，需要学生不断地在教室和其他教学楼之间往来穿梭，也要接触和面对更多的老师。程序时间表的内容也要比小学时所体验的复杂得多。学生们必须要解决基本的日常生活问题，意味着可能是如何找到从一间教室到另一间教室的路线；他们也需要与更多的工作人员或同伴交往合作，需要做出选择和决定，并为过渡到工作环境提前准备。这些要求都极有可能导致学生焦虑并受到挫折，甚至产生不适当的行为。个人日程表在帮助学生理解和回应这些要求上发挥了重要作用。

与问题解决相关联的关键技能，将涉及让学生发展各种有助于他们解决日常学习和生活面临的问题的技能和策略。个人日程表可以帮助学生解决日常生活面临的各种挑战，如理解时间表，应对时间表和工作人员的变更，让学生变得更加独立。ASD学生需要有机会去参与，做出选择和决定，与他人会面、交往合作，以及为应对变化过渡做好准备。在结构化教学的框架内，逐渐加大日程表的复杂程度，为ASD学生在这些领域发展独立能力提供了一种很好的策略。ASD学生也需要为上大学或者工作做好准备，使用日程表对适应这些不同环境很有必要，对应对各种变化至关重要。此外，学生能够控制自己的行为，在很多不同的环境中做到行为举止得体，也变得愈发重要。为了克服潜在的学习障碍，教师应帮助学生管理好自己的行为，在这种情况下，教师可以在日程表里加入某些社会规则，并将其作为学生恰当行为的提示。下面的案例说明的是文字日程表如何使学生更独立地应对越来越复杂的情境。

案例研究

全天文字日程表和学生管理器

亚当，15岁，有阿斯伯格综合征，就读于当地一所普通中学，正在备考学习。亚当在学科课程上有很多特长，但在应对中学环境的众多转变要求时会感到困难。此外，学校的课表系统以两周为一个周期，亚当经常不确定他要遵循的是哪一周的课表。由于无法回想起实验室所在的那幢教学楼的外观，他经常在去实验室的路上迷路，也时常会上课迟到。每当亚当迟到时，他会感到非常焦虑，因为他喜欢准时，也担心错过课程的开头部分。亚当的表现非常典型，在某些学科具有中等及以上的学习能力，但又在其他关键领域有明显的困难。

A 周	上午 8:45		上午 11:00			下午 1:30	下午 2:30	
周一	英语 101 JW		数学 205 DG	学习支持	休息	体育（体育馆或操场－检查日程表）AS	体育（体育馆或操场－检查日程表）AS	
周二	历史 115 IP		英语 101 JW			科学 L17 AW	科学 L17 AW	学习支持
周三	英语 116 IP		信息通信技术 104 KL			数学 205 DG	数学 205 DG	学习支持
周四	历史 115 IP	学习支持	科学 L14 JR			地理 DS	艺术 A15 MH	
周五	英语 107 IP		阅读 108 MW	学习支持		个体、社会性与健康教育 101 JW	信息通信技术 104 KL	

图 5.12a　双周计划课表——A 周

B 周	上午 8:45		上午 11:00			下午 1:30	下午 2:30	
周一	数学 206 IA		英语 116 JW	学习支持		体育（体育馆或操场－检查日程表）AS	体育（体育馆或操场－检查日程表）AS	
周二	阅读 108 MW	学习支持	英语 101 JW			科学 L15 AW	科学 L15 AW	学习支持
周三	英语 116 IP		科学 L14 JR		休息	数学 205 DG	数学 205 DG	学习支持
周四	剧场 MH		艺术 A15 MH		午餐	学习支持	信息通信技术 104 KL	
周五	地理 108 DS		历史 117 IP	学习支持		个体、社会性与健康教育 101 JW	信息通信技术 104 KL	

图 5.12b　双周计划课表——B 周

亚当有一个学生助手的管理器，为他和同年组的其他同学提供了 A、B 两种计划课表（见图 5.12a 和图 5.12b）。亚当的课表已经清晰地标示了不同课程上课的房间号。他也有一个关于建筑物的规划图，像课表内容那样清晰标注了主要地点。由于在 A、B 两周之间的教室路线不同，因此也为亚当提供了一个计划，显示从他所在的那个房间到支持中心之间的具体路线。每门课老师名字的首字母也写在课表里，以便亚当知道这门课的老师是谁。

亚当的计划课表目前被放在活页夹里，分成 A 周和 B 周，亚当将第一周的课表放进文件夹里便于浏览查看，第二周的课表则放在一个透明夹里。周五下午，亚当在学习辅助教师的帮助下更换他将要查看的课表。每周的计划再被细分，包括每一周具体每一天及其作业安排。作业环节允许加入任何亚当需要的额外信息，如上交日期，作业要交给谁。他会和学习辅助教师定期地查看作业完成情况。最近亚当还增加了一个部分，将他的"社交故事"引入日程表。

亚当每天都有一个文字日程表，他自己已经学会了如何从周计划中建构一个日程表（见图5.13）。时间表如有更改，会写在学习支持中心的白板上，以便亚当可以确认日程表是准确的。他的日程表里也加入了重要的"注意"信息时刻提醒亚当，这些注意事项包括体育课需要哪种运动装备，提醒他的"社会规则"，比如，不要打断别人而是要举手（与社交故事一起使用），或是未完成的工作要放在哪里。亚当发现这些提示可让他感到安全；使他对于不断提问寻求确认的需求有所减少，也不再过多地寻求和依赖学习辅助教师的言语提醒。

星期一	A周
上午8:30	学习支持中心：检查一天的日程表
上午8:45	英语课101教室（学习辅助教师：史密斯女士）
上午10:30	休息：图书馆或户外
上午11:00*	数学课207教室（学习辅助教师：泰勒女士）
上午11:45	学习支持中心——独立学习时间
下午12:15	午餐 休息：户外或学习支持中心
下午1:30	体育：运动场、短裤、T恤和运动鞋
下午3:00	学习支持中心：检查作业日志和明天的日程表

提醒：

要举手，不要打断别人

未完成的工作可以归档为未完成——与学习辅助教师一同检查要何时完成它

图5.13 文字日程表（加入*号表示时间表的变化以及社会规则）

在需要变更日程时，亚当可以更改他的日程表。与亚当一起工作的学习支持工作人员会定期与亚当见面，讨论他的日程表或周计划里的任何变化，比如，教师的变动及时间表的更改。此外，他的日程表还包含其他与工作系统相关的重要信息（详见第六章）。亚当的计划课表和日程表都是非常有效的策略，可以使他变得越来越独立，有助于发展他的问题解决策略，帮助他应对时间表的变化，通过帮助他预测谁来教某节课程，亚当现在也能够与很多不同的工作人员一起工作。

亚当的学校有很多的创新项目，为学生们提供了很多与工作关联的活动机会，包括工作体验和在当地大学里的职业培训课程。起初，亚当对参与有关工作的活动感到十分焦虑，但是在参观过几个工作场所之后，他被安置在当地一所图书馆并完成他的工作体验。亚当带着活页笔记本去图书馆工作，活页本中有他的文字日程表；这使得亚当在图书馆的安置环境中也可以使用他所需要的各种信息，包括他的日程表，社会规则以及期望行为的各种提示。

日程表是亚当在个人和社会教育中用来发展各种技能的一种策略。日程表赋予活动意义，给予学生安全感，使亚当能够参与其中，做出真正的选择和决定，会见不同的人并与他们一起工作。如果没有日程表，亚当就会感到焦虑，就会降低他充分参与更广泛活动的能力。通过使用日程表及他的个人计划表，亚当变得越来越独立。他也可以参照一周的计划表自己建构每天的日程表。随着亚当变得越来越独立，他现在正在学习在智能手机上使用管理助手程序，这是为他下一个学习阶段所做的转衔准备，那个阶段将更需要他有效地管理自己的时间。学校的虚拟学习环境（Virtual Learning Environment, VLE）有为学生量身定制的年度时间表，亚当正在学习利用这个虚拟学习环境并为自己定制时间表，包括清晰标注的不同课程的教室号码，关键信息和期望行为的各种提示。以这种方式使用日程表的优势在于，他可以在自己的平板电脑或智能手机上获得这些信息。

本章小结

日程表是帮助 ASD 学生理解和遵照每日事件顺序的有效策略。当学生可以遵循日程表时，这种能力将有助于他参与更多的课程和活动。在满足 ASD 学生的某些特殊需要时，运用可视化日程表是结构化教学中的一种策略，也是许多学生需要的总体结构系统中的一个重要元素。日程表满足了学生的不同需求，为有视觉优势的学生提供了适宜的教学方式。使用日程表也可以有助于课程参与，促进学生对于课程顺序的理解，发展课程所蕴含的各种技能。表 5.1 总结了使用日程表可以促进课程参与的各个方面。

表 5.1　通过使用日程表参与课程

个人、社会性和情感发展	日程表可以提升：积极的学习态度、自信和动机；可以建立积极的例行常规，为个体应对变化做好准备。
关键技能	日程表可以增强成人与学生之间的沟通，通过帮助学生预期事件，进一步支持学生与他人一起合作，比如小组工作。
思维技能	日程表帮助学生：理解因果关系、回忆事件和活动、预期和预测活动、做出选择和决定。日程表还为学生提供以下机会：解决问题，对自己的学习和学业表现进行反思。

在使用个人日程表时，要求有严谨的评估、计划、监测和回顾检视。如果我们想设计一种适合视觉化学习风格的方法，那么一定需要评估个体学生的需要，确定他们的视觉认知水平。在计划日程表的内容时，需要将个人的目标加入其中，这样才能确保监测学生的进步，并进行回顾检视。有些学生进步明显，可以逐步向比较复杂的日程表过渡；而另一些学生则可能始终维持在某个特定水平。无论怎样，监测和回顾检视都是确保日程表的使用不致

停滞不前的重要手段。重要的是，日程表的使用要对个体具有功能性和有意义，其目的旨在使学生获得最大限度的理解并保持个人独立。所有与ASD学生合作和打交道的工作人员也要熟悉他的日程表，了解如何使用，以保证使用这种方法的一致性。

日程表通过增加学生对活动顺序的理解，发展他们的关键技能，某种程度上促进了学生对课程学习的参与，尽管如此，ASD学生在组织和排序能力上的欠缺仍会阻碍他们融入课程。这或许包括开始活动或结束活动，独立和小组合作完成活动、遵照指导说明等。结构化教学的下一层级的重点是帮助学生在更广泛的环境中获得秩序感。

第六章　工作系统：组织和条理化

概要

　　个人工作系统为学生接触和组织课业工作及任务提供了一套系统性的方法。这是利用 ASD 学生的兴趣和优势吸引他们参与活动，发展他们的独立性以及让他们能够将所学技能泛化到其他环境的一种策略。日程表清晰展示的内容是学生要遵循的一日活动顺序，作为对日程表的补充，工作系统可以准确地告知学生他/她需要完成的任务是什么。工作系统是对组织个人活动和课业任务极为重要而有效的方法，可为学生提供策略，帮助他们完成任务，理解与工作相关的重要概念，如工作什么时候结束。工作系统也俗称"活动系统"或"工作清单"。

　　与日程表相类似，针对不同能力水平的学生而建立的工作系统也是不同的。对于有 ASD 且学习困难的学生，工作系统可以简单地从左到右进行组织。在这种情况下，可以将个人的工作材料放在学生左边的一个托盘中或是放在个人的篮子里。需要教导学生按照从左到右的顺序执行任务，让学生了解当左边的每一样东西都被移到右边的完成篮时，就意味着工作结束了。其他的工作系统可能需要学生具备配对技能才能完成有特定顺序的任务，例如：用不同颜色、图片或者符号标示工作任务，这样就在视觉上提供了可以显示工作完成顺序的清单。还有一些学生可能会使用文字工作系统，类似于我们很多人在组织日常工作时所用的"工作清单"。对于认知和概念理解能力较强的学生，也可在他们的日程表中插入一个工作系统。

有很多种方法可以使工作系统变得个性化，例如：使用不同的视觉提示，或者采用不同方式教导学生"完成"的概念，如："完成"可以简单地表示材料从左边移到右边并放入完成篮中；或者意味着把材料拿到教室的另一个地方——"完成"区域；或是当材料都放回到架子上，或者清单上的任务都被划掉的时候，就意味着工作结束。不同的工作系统对于不同的学生效果不同，因此，工作系统应依据个体的需求和能力而有不同的设计。

对于在主流学校中融合的学生来说，弄清自己要做什么工作，以及在特定时段要完成多少任务对他们来说至关重要。另外，让学生能够看见工作的进展情况，知道什么时候结束以及如何处理没有完成的工作也都非常重要。理解工作完成之后要发生什么，这对于在主流学校中的学生来说尤为重要，尤其是中学阶段，学生们要面对大量需要做出转换的任务。

使用工作系统进行组织

不管在什么年龄段，所有的学生都需要发展他们在教室中工作、学习以及组织和条理化的相关技能。在课程指南和文件中也常会涉及这一领域，例如：在个人、社会性和情绪发展领域，针对年幼儿童所选择和实施的活动，应能鼓励学生增强他们的独立性，勇于尝试新活动并维持注意力，在恰当的时候可以保持专注和静坐等能力。对于中小学生，他们学习的课程应包括各种关键技能，如为了提高自己的学业成绩而监察和反省自己学习的能力；对于青年学生来说，他们需要参与与工作相关技能的学习，并且在各种学习环境中变得更加独立。

正如第三章中所讨论的那样，由于组织和排序技能较差，ASD 学生在上述这些领域会面临特别多的挑战。当学生不知道该做什么、做多少、做完之后怎么做以及完成工作之后的下一项任务是什么的时候，他们会很困惑。这意味着一些学生可能永远无法开始一项任务，或者不知道工作什么时间能完成以及怎样完成。有些学生可以开启一项任务，但却无法在分配的时间内完成，因为他不知道怎么处理未完成的工作。这可能会导致他们产生极端固着的行为而持续未完成的工作，产生挫败感，有时也会引发问题行为。排序困难可能意味着学生可以完成几项任务中的一项任务，但无法完成整套任务。学生有时不去开始执行任务或者中途停下来，是因为他不知道任务要持续多久，或者不知道任务结束之后会发生什么。有些任务看似永无止境。如果一个学生有他自己的兴趣或偏好的活动，那么他不大可能放弃这些活动而开启一项可能永无止境的任务，因为他不知道什么时候可以继续他所喜欢的那些活动！这些困难在不同能力的学生身上都有所表现，因此，中等及以上学业能力的学生也会在组织和完成系列任务上存在问题，他们常常要花费大量的课堂时间进行整理和组织，因而不能按时完成任务。

学生们能否参与课程学习取决于他们在组织技能上的发展，他们在很小的年龄就被鼓励要独立工作。然而，ASD 学生在这些技能上处于劣势，除非老师们考虑他们在组织和排序方面的个人需求。作为结构化教学的一部分，使用工作系统是一种可以用来使学生充分参与课程活动的有效策略。教师在使用这一策略时，可以考虑以下几点：

- 学习环境；
- 组织和排序策略；
- 动机和专注力；
- 沟通。

下面的一些例子介绍了不同水平的工作系统，以及如何使用这些工作系统提升学生独立工作的能力及其组织技能；如何将工作系统贯穿于课程教学之中，无论是个别化教学还是作为集体教学的一部分；如何在工作系统内提供沟通的机会。本章讨论的重点是工作系统的组织策略。关于如何发展适当的学习任务以及如何在工作系统中精心安排各种活动将在第七章中详细讨论。

工作系统简介

工作系统是在视觉上高度结构化的组织系统，能够帮助学生有效地完成任务，并理解下面的诸项问题：

- 我要完成哪些工作？
- 我要完成多少工作？
- 我怎么知道我的工作有进展？
- 我怎么知道什么时候工作完成？
- 工作完成之后我要把它放在哪里？
- 我接下来该做什么？

这些都是我们日常工作生活中需要处理的重要问题。我们中许多人都很难对那些似乎永无止境的任务产生动机，我们会经常组织计划自己的时间和任务，以便我们可以找到上述问题的答案。许多 ASD 学生无法获得这些信息，而使用工作系统或许可以帮助到他们，因为工作系统为他们提供了清晰的与上述问题有关的视觉信息。使用工作系统可以帮助学生学习组织策略，从而发展他们的独立性、自信心、专注力和动机，并使他们更多地参与课堂活动。

幼儿早期

在幼儿早期，对个人、社会性和情绪发展有关的目标学习上，幼儿需要习得很多基本的技能，这些技能会随着他们的成长而变得愈发重要。包括如下技能：

- 独立执行活动；
- 注意、专注和静坐能力；
- 在环境中独立工作；
- 独立使用资源。

对于 ASD 儿童以及有 ASD 且学习困难的人来说，他们在这些技能领域的学习会感到特别困难，需要制定个别化的教学目标。结构化教学中的工作系统是可以让学生在学习中变得更有条理和独立的一种策略。

案例研究

从左到右且带有"完成篮"的工作系统的教学

山姆，3岁，就读于一所融合幼儿园。他开始能对所在的物理环境结构以及用于过渡转换的物品信息有所理解和反应。给他一支水彩笔，他也能够坐到桌旁。山姆的组织技能很差，他的个别化教学目标之一就是能够独立完成一些活动。他正在学习独立完成放在他工作桌上的单项活动。当工作完成之后（在这个阶段，提不提供帮助都可以），老师会指导山姆把它放到他右边一个大的"完成篮"中（见图 6.1）。通过一对一教学，山姆已经可以完成一些与语言、识字、数学、精细动作以及手眼协调发展相关的简单活动。

老师也鼓励山姆使用"完成篮"完成其他活动，诸如画画或者玩沙箱游戏。这能强化山姆对于"完成"概念的理解，并帮助他向其他活动过渡转换。

如果不使用工作系统，山姆完成任何任务都很困难：他很快变得焦虑，被太多的材料弄得受不了，不是离开工作区，就是将活动物品推到地板上。山姆的老师为他提供了一个组织化系统及常规，满足他的个别化学习需要。山姆正在学习独立执行任务，他的老师也有意培养他完成任务所需的注意力、专注力以及短时"静坐"等能力。另外，山姆也在学习在环境中独立工作以及独立使用资源。工作系统的引入为山姆的老师和支持辅助教师提供了一种策略，既能给予山姆时间演练和巩固所学的技能，又能保证山姆在学习环境中获得独立。随着山姆的进步，他将开始使用从左向右的工作系统，从他左边的架子上拿取工作任务，并独立完成各种各样的活动（参见第七章）。

一旦孩子学会独立使用一个基本的从左向右且带有"完成篮"的工作系统，就可以根据孩子的注意广度和专注力水平进行拓展工作系统。有些学生可以从只完成一项任务开始，然后转入下一项活动。例如，山姆可以完成大小物品分类，并把它们放入"完成篮"，之后他就可以去玩沙子。对于能较长时间集中注意力的学生，可以要求他们在转入下一项活动之前完成两项、三项或多项任务。还有另一种设计工作系统的方法，是教学生把完成的工作放在他们右边的架子上，而不是放在"完成篮"中。

图 6.1　从左向右、带有"完成篮"的简单工作系统：单项任务

增强独立性，发展个体自主性和选择能力

对于许多有 ASD 且学习困难的学生来说，所有的课程科目都需要他们发展出组织和学习技能，以支持他们独立地完成任务。此外，他们也需要发展个体的自主性。例如，在休息时间给予学生机会让他们进行活动选择。使用工作系统可以帮助学生发展他们的组织和学习技能，增加独立能力，并为学生提供做出选择的机会。下面的案例就此可以进一步说明。

案例研究

从左向右的工作系统

马丁，14 岁，在一所招收有重度学习困难学生的特殊学校上学，被安置在有 6 名 ASD 学生的特殊班级中。马丁大部分时间都待在本班的教室，有时也去其他教室上课。他能够理解经过结构化设计的物理环境，并能独立使用实物日程表。他在教室里使用一个从左向右的工作系统，可以在一节课中完成至多四项任务。马丁从他左边的桌子上一次只拿取一项任务，然后把完成的任务放入右边的文件托盘（或者"完成篮"中，这取决于任务的形式）（见图 6.2）。在他面前墙上的透明袋中放着两个物品，这两个物品能预告他在完成所有任务之后可以做什么。当他完成工作之后，可以选择其中一个物品去做下一项活动，比如，可以选择在教室的休闲活动区使用随身听听音乐或者玩平板电脑。

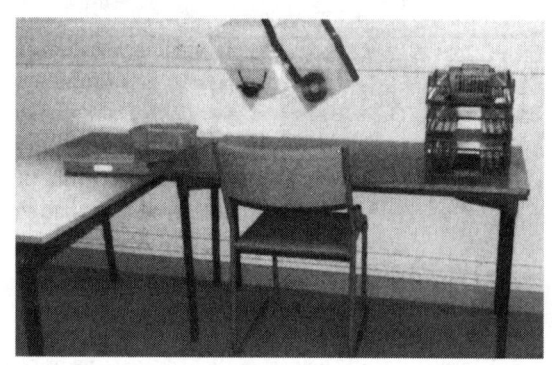

图 6.2　从左向右的工作系统：多项任务

马丁在识字和数学课的个人工作中可以使用他的工作系统，也可以使用他的个人工作系统巩固他在最近各门课程领域中所学到的技能。

当马丁需要到学校的其他地方学习时，他能使用一个类似的工作系统组织学习任务。在课堂与班级同伴一起学习时，马丁也能够使用这个工作系统。例如，在一对一教学中，马丁已经学习过将餐具和食物残渣分别放入适当的容器中。随后，在食品工艺课上，马丁可以使用一个从左向右的工作系统：餐具和原料都放在他左边的容器中，用过的东西放在右边容器中（洗涤盆用来装餐具，垃圾箱用来装垃圾）。在他的本班教室，教师会放置物品向马丁预告课程结束后他可以做什么：有时是让他在两个活动中选择其一，有时只有一件物品，预示他下面要做的工作并没有其他选择。同样的工作系统也用在艺术与设计课和科学课上。如果没有这种组织化的工作系统，马丁可能会变得没有条理性，且需要花费工作人员大量的时间协助他进行任务组织。使用工作系统意味着马丁可以在课堂上更加独立地进行自我组织，并把精力集中在课业内容上，而不是去组织他的学习材料。这样他不仅可以独立地完成任务，并且能够自己做选择，个人自主性也得以提升。

马丁在使用工作系统时，是以任意顺序从左边拿取工作任务。有些学生可以采取颜色、形状、图片、字母和数字配对的方式使用工作系统，并按照老师要求的顺序完成活动任务。（参见下面里基的案例研究。）这种方式允许老师在一堂课或一个活动中设计安排一系列的任务。

拓展组织和学习技能，管理行为以及发展沟通能力

对于那些能够遵从一系列视觉线索完成多重不同任务的学生，可以通过不同的方式拓展他们的组织技能。工作系统也可以用来增加学生的注意力、兴趣和动机，并帮助他们管理自己的独立工作时间并且独立完成任务。这些技能可以促进他们自我行为管理能力的增长，而自我行为管理通常是需要优先考虑的领域，因为挑衅行为会对学习造成潜在障碍而需要克服。另外，工作系统可以帮助学生将他们的所学泛化到不同的情景并且为他们提供自主性沟通的机会。更重要的是，工作系统也可以用于小组课或者游戏中。下面举例的工作系统需要学生按照指定的顺序完成一系列任务，并且在不同的学习情景下使用该系统。

案例研究

从左向右颜色配对的工作系统

里基，6岁，有ASD和学习困难，在一所招收各种特殊儿童的学校

中接受专门的教育。他大部分时间都是在特殊班中学习,但每周有两次可以融合到一年级班进行社交活动和结构化的游戏。如果没有结构化的支持,里基会在寻找材料、了解要做多少工作以及怎么处理完成的工作方面缺乏条理,变得焦虑,从而导致他漫无目的地闲逛,在各种活动之间乱跑而无法完成任务。里基使用的是一个照片日程表(参见第五章),可以进行颜色和形状配对。他已经学过在他的个人工作区内使用颜色/形状配对的工作系统(见图6.3),而且能够专注于任务活动,在一个工作时段完成四项任务。

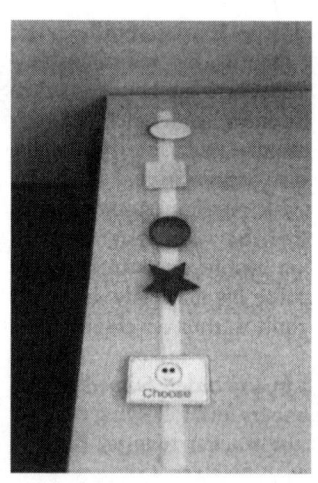

图6.3 颜色配对的工作系统

里基需要完成的工作放在他左边的架子上,每项工作任务都在其口袋上配有一个彩色的形状标签。在里基的工作桌上放着一个魔术贴,上面自上而下排列着不同颜色的形状卡,里基需要按照魔术贴上的顺序,先取下最上面的卡片,然后将它与口袋上的彩色形状配对,找到对应的任务并完成它。他以这种方式按照颜色/形状卡的排列顺序向下逐项完成所有任务,完成的工作放在他右边的架子上。随着桌子上的彩色形状卡的消失,里基可以检查自己的工作进度,知道他的工作会在所有彩色形状卡都消失的时候结束。墙上钉着两张活动照片，显示的是里基工作结束后可以选择的活动。通过查看照片，里基知道工作结束后他可以干什么。当完成所有工作后，里基需要做出选择，拿着恰当的照片向成人提出从事他所选活动的要求，这样，工作系统也为学生提供了一个有意义的机会发展他们的沟通关键技能。

里基在识字、算术及其他课的个人工作时使用他的工作系统。这个组织化的系统能减少里基的闲逛行为，帮助他集中精力完成任务。他的注意广度也增加了，从最初完成一项任务到现在可以完成四项任务。他愿意完成任务有几个原因：能理解工作系统和常规；能看到工作的进展情况；知道什么时候工作结束以及接下来要做什么。工作系统也让里基对于发生在他身上的事情有一定的控制权和自主性。现在里基开始在其他一些学习情境中使用工作系统，如在结构化游戏和团体活动的情境。

结构化游戏

在游戏区进行结构化游戏活动时，里基可以使用一个类似颜色／形状配对的系统。如果没有工作系统，里基很可能在游戏区四周游荡，而不大可能把注意力放在游戏材料上。通过使用颜色／形状配对的工作系统，完成活动的概念变得更加清晰明显，使里基能够使用多种游戏材料，并在帮助下完成活动。里基的工作系统放置在游戏区边缘的结构化游戏桌上。里基可以知道游戏时间结束后会发生什么，因为墙上放着的照片可以预告他"下一步要做什么"。目前里基的老师正在升级工作系统，以鼓励里基能在游戏时更加靠近同伴。通过使用工作系统，里基可以找到要进行的游戏活动，然后在靠近另一名同学的附近独自游戏，使用游戏材料，游戏过后知道把游戏材料放到他右边的"完成"容器中。以后，里基可能要学习与其他同伴进行合作游戏，他仍需要工作系统帮助他组织活动任务。当里基融合到一年级班活动时，也可以使用相同的工作系统。在融合班级指定的环境区域内，里基要学习在同伴们的身边游戏。

游戏并不只限于结构化的游戏时间，也可以提供机会鼓励里基参与和发展互动性游戏。不过，工作系统是一种非常有效的策略，有效地提高了里基的注意力和专注力，协助他完成与同伴的游戏活动，使他不再漫无目的地到处闲逛。在户外分散的游戏区，同样可以使用工作系统。例如，将每项活动用颜色编码，学生们就可以遵照颜色配对的工作系统，从一个活动转换到另一个活动。采用这种方式，可以引导学生做特定的活动，也可将学生做选择作为工作系统的一个组成部分而纳入其中。例如，一名学生可以被指引在红色区域骑自行车，之后到绿色区域玩球类游戏，再接下来他就可以进行选择。如果学生喜欢闲逛，也可以包含在提供的选项当中。这样可以利用游戏时间教导儿童如何使用游戏材料等资源，也要留出一些自由时间让孩子做出选择。如果学生已经学习了如何做选择，那么就可以让他向大人表达出他的选择和要求，如此，工作系统也提供了极好的沟通训练机会。在这里，明确程序时间表与工作系统的区别也非常重要：日程表告诉学生游戏时间到了，工作系统（任何水平）则帮助学生组织他们的游戏时间。

通过加强"完成"行为来促进行为管理

独立性和自主性的发展可以促进个体的行为管理，使学生真正学会如何管理自己的行为。问题行为的发生时常是因学生缺少组织技能，产生混乱感而导致。例如，在引入工作系统之前，里基会在完成一项活动之后把材料扔掉，因为他不知道该怎么处理这些材料。在他右边架子（或桌子）上放置一个"完成"容器之后，他在教室里的问题行为明显减少了。因此，在午餐时间，我们使用一个"完成"容器防止他乱扔餐具和食物，在他右边的桌子上放置一个清洗容器装他用过的所有餐具。里基的老师还计划教他在餐后把清洗容器拿到厨房去。在艺术与设计等其他课堂上，也可以采取同样的方法防止里基乱扔材料。

里基已经能够以不同的方式使用工作系统，并且发展出了许多关键技能，尤其是，他正在加强自己在不同课程领域保持注意集中并完成任务的能力，也正在学习更成功地管理自己的行为。随着里基越来越自如地使用工作系统，他开始接触环境中的一些新活动，进而开始泛化他所学到的东西。里基的结构化环境清晰阐明了教室不同区域的目的和用途，帮助他减少分心；透过程序时间表让里基知道将会发生什么，以及提供工作系统帮助他完成工作。视觉信息将进一步帮助里基理解他要做什么和怎么去做（参见第七章）。

与他人并排工作并彼此交流

使用工作系统是为了使学生可以在各种情境中独立地工作。有些学生可能需要远离其他学生，在单独的工作区里独立地实践组织技能。不过，工作系统也可用于鼓励和发展学生与他人共事的能力，能与他人共事是学生在各种课程中都需要的关键技能。同样，工作系统也是发展沟通技能的一种有效策略。许多 ASD 学生需要发展在自然情境中主动沟通的能力，例如，ASD 学生可能不会寻求帮助，在他完成工作时告知老师，或者询问信息；一旦学生熟悉掌握了工作系统，就可以提供机会鼓励他们自发地进行沟通。

案例研究

需要学生在教室中走动完成的数字配对工作系统

在同伴旁边工作，增强独立与沟通能力

蕾拉，9岁，有孤独症和学习困难。她在一所融合小学专门为特殊学生服务的特教部上学，特殊学生中有两人是 ASD 学生，特教部是这所融合小学的一部分。她的短时记忆和注意广度很差，不能回忆起一天中发生的活动顺序，因而也无法记住她要完成的任务顺序。当她不知道要做什么的时候，就会变得焦虑，在无法找到课堂学习所需要的资源时，会更加急躁不安。此外，蕾拉不愿意与成人交流，尤其是那些她不熟悉的成人。

蕾拉已经学会使用工作系统帮助自己独立完成一系列任务。她的工作任务用数字进行了编码，她可以按照自上而下排列在桌上的数字清单顺序完成任务。像里基一样，她先取下最上面的卡片，然后将其与对应数字的任务进行配对。不过，由于蕾拉正在学习在同伴旁边更加独立地工作，因此她的工作不按从左向右的工作系统进行安排，而是需要蕾拉从工作区的架子上取下工作任务，在工作完成后再把它放回去。由于置物架是和其他学生共用的，所以蕾拉要保证自己拿到的工作任务是正确的，也需要和其他正在取放东西的学生合作（见图6.4）。在数字清单的底部，有一张代表"下一节课"的符号或"选择"卡片（可以指引她去查看班级的选择板），这样蕾拉就能知道工作完成后她要干什么。

结构化的物理环境设计和工作系统让蕾拉可以在同伴的身边工作，她的独立性正在不断提高，在组织和记忆要做的任务上也不再那么焦虑了。工作系统为蕾拉提供了视觉提示，帮助她按照要求的顺序完成任务。

如果没有工作系统的帮助，她会记不住程序指令，也会在无法按照正确顺序完成任务时，变得焦躁不安。

图 6.4　数字工作系统、与标记的工作配对、共享工作区

工作系统也为蕾拉提供了与成人沟通交流的机会。例如，蕾拉不愿意寻求帮助，有时会坐着哭，或者把没有完成的工作放回到架子上。因此，蕾拉的个别化学习目标之一就是要学会寻求帮助，而工作系统可以为她创造请求帮助的机会。蕾拉的学习辅助老师在她桌子上放了一张提示卡片，教导她学习可以拿着这张"帮助"卡去找成人帮忙（见图6.5）。

当蕾拉可以独立完成大部分的工作任务时，老师开始为她制造向成人寻求帮助的机会。例如，当工作托盘或文件夹中缺少完成工作需要的材料时，蕾拉需要寻求帮助才能找到所用的资源。在这种情况下，类似"请求帮助"提示卡就与任务放在一起。提示卡也可做成多种形式，以鼓励学生可以用各种理由与成人们沟通，例如，告诉老师他们工作已完成。

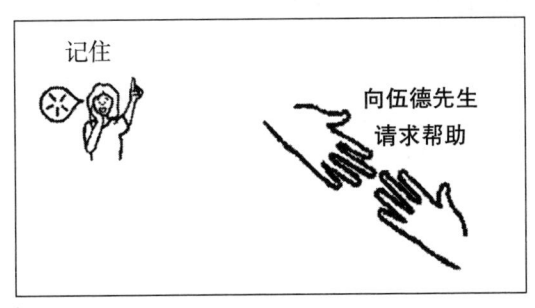

图 6.5　在工作系统内使用的"请求帮助"提示卡

融入主流班级

蕾拉的工作系统使她具有了基本的组织技能，随着她的独立能力不断加强，蕾拉开始学习与其他人共享工作区域。在融合班级中，蕾拉使用同样的工作系统，坐在紧邻另一位同学的桌旁独立工作。教室设有储物区，供蕾拉及其他正在使用"办公"工作站的学生使用。班上其他有特殊教育需要的学生，如有注意力缺陷多动障碍的学生，也从工作系统中获益良多。

当蕾拉在融合班级上音乐课时，类似的工作系统可以使她变得有条理。蕾拉的学习辅助老师会在课前与音乐老师一起为她准备一个工作系统，使用数字符号说明听音乐、唱歌、演奏乐器等活动顺序。使用这种组织系统意味着蕾拉的辅助老师可以全神贯注地辅助蕾拉理解课业内容和各种概念，而不是把大量时间花在帮助蕾拉变得有条理上。尽管并不期望蕾拉能独立完成与音乐相关的所有任务，但是她仍可以使用工作系统组织自己，并遵循课程的流程。

当蕾拉在组织、沟通及与他人合作等关键技能得到发展以后，就可以运用其他视觉信息进一步拓展这些技能，帮助蕾拉开始发展她的早期思维和问题解决技能（参见第七章）。

泛化技能：不同学习环境中的工作系统

工作系统通常是在一种学习环境下使用的，例如学生的主班教室或学习支持基地。然而，随着学生独立性和自信心的增强，工作系统也用于更广泛的环境中。下面的例子就说明了在不同学习情境中应用的工作系统，以及如何使用工作系统教导学生泛化他们在独立工作区运用工作系统已掌握的组织技能。

案例研究

艾米丽，15岁，在北卡罗来纳州的一所非营利的私立学习中心上学，该中心设有小学部和中学部。艾米丽使用文字及颜色编码的日程表，清晰地显示她一天要上的课程及其顺序和地点（见图5.7）。第四章和第五章分别展示了结构化物理环境和日程表如何帮助艾米丽参与食品工艺课的学习。当课程涉及她不喜欢的食物材料时，艾米丽就会紧张焦虑并因此而分心。虽然如此，为艾米丽提供结构帮助她学习克服忧虑的方法，参与更多的课程活动，包括那些她不喜欢的课程部分仍然非常重要。

每节课艾米丽都会查看包含了颜色编码的日程表，这可以引导她拿不同颜色的笔记夹。笔记夹上展示了每门具体课程一步步的文字工作系统。例如，在艾米丽的日程表上，"厨房"是绿色字体（见图5.7），告知她要去搜集绿色的笔记夹，而工作系统就夹在里面。她可以拿着她的工作系统到正确的上课地点，即到厨房去上食品工艺课（见图6.6）。

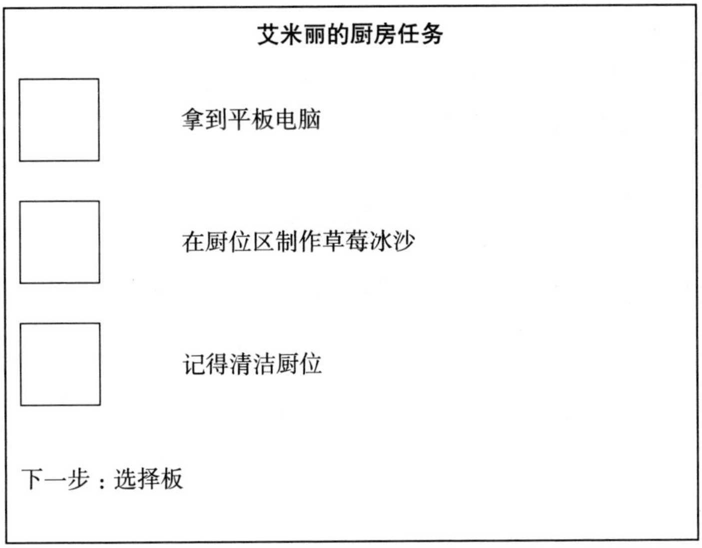

艾米丽的厨房任务

☐ 拿到平板电脑

☐ 在厨位区制作草莓冰沙

☐ 记得清洁厨位

下一步：选择板

图6.6 便携式工作系统

工作系统既是帮助艾米丽聚焦于工作"是什么"和"有多少"的一种重要结构，也是帮助艾米丽减少忧虑的一种策略。需要注意的是，使用工作系统的第一步是要搜集一台平板电脑。当课程可能引起艾米丽的焦虑，尤其是要求她处理她不喜欢的水果时，利用她对电脑的喜好，可以将移动设备纳入课堂学习当中，鼓励她参与课程，激发她参与活动的动机。

结构化的工作系统支持艾米丽保持个人独立，提醒她聚焦于那些重要的信息（而不是一直担忧）。工作系统借助平板电脑，为艾米丽提供了课程需要遵循的视觉指令（参见第七章）以及课程结束之后的活动选择，这极大地提高了艾米丽的自主性。这个例子说明了如何应用日程表和工作系统鼓励学生参与不大感兴趣的活动和课程。这对于帮助学生参与更多的课程至关重要。由结构提供给学生的个人独立和组织策略，可能进一步导致学生发掘新的课业优势和兴趣，而新的课业兴趣有可能来自以往他们因缺少个别化的结构支持而无法很好参与的那些课程。

工作系统也可设计用于帮助学生们开展合作性工作，下面的案例详细说明了学生们合作完成的一项职业任务。

案例研究

库帕特、迪帕克、艾哈迈德和桑杰都是十八九岁的小伙子，就读于印度一所专门招收孤独症谱系学生的特殊学校。他们每天都去学校并参与学校中的各种活动，其中也包括职业培训。职业课程是优先设置的，目的是为他们参与当地社区与工作相关的活动做好准备。

库帕特、迪帕克、艾哈迈德和桑杰都对他们进行合作任务的结构化物理环境感到舒服，他们每个人都使用自己的日程表，里面显示了他们什么时候工作、和谁一起工作等信息。下一步帮助他们发展合作技能的方法就是使用结构化的工作系统。设计物理环境的结构使库帕特、迪帕克、艾哈迈德三人从左到右彼此靠近,坐成一排;工作系统也遵循从左到右的结构,工作桌的布置也进一步强化了这种结构设计。职业任务首先需要的材料套包括信纸、便笺,还有一把剪刀,它们都被放在库帕特左边的篮子里,以便他容易看到"要做什么,做多少工作"。在他右边放着一个完成篮,供他放剪裁下来的纸张。库帕特完成篮里的纸变成了迪帕克工作任务的材料,迪帕克拿出纸并加盖学校印章,再将它们放到他右边的完成篮中。这个篮子里的纸就变成了艾哈迈德任务的一部分,他需要把这些纸放入信封,并将它们放到他右边的完成篮里。这样,从左到右的工作系统就为三名学生提供了组织化的结构,让他们每个人都知道要做什么,做多少,完成的工作材料要放在哪里(见图6.7)。午餐后,艾哈迈德把装有信件的篮子交给桑杰,桑杰把这些信件按颜色进行分类,并将它们送到学校的不同部门。

工作系统为学生们提供了一种结构,让他们可以:(1)作为团队成员遵照工作流程;(2)专注于完成职业任务中自己那部分工作所需要的技能;(3)在任务流程上彼此沟通联系。库帕特在参与团队工作中变得特别自信,经常自任为"团队领导"。比如,他会查看其他学生是不是在自己的座位上,如果不在的话,他会提醒他们回到座位。

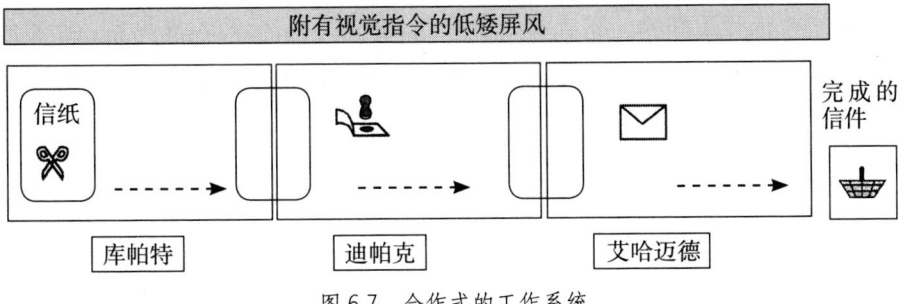

图 6.7 合作式的工作系统

这个例子说明的是如何设计一个工作系统支持一组学生进行合作性的工作（参见第七章为每个学生完成他们的职业任务而设计的视觉信息解释说明）。

由于学生需要从一节课转移到另一节课，因此，设计便携式的工作系统有利于促进他们的组织性、独立性和个人自主性的发展。随着学生能力的发展，还要鼓励他们发展自信和责任感，真正做出选择，寻求帮助和分享资源。这些能力对于 ASD 学生具有特别的意义，而工作系统在帮助个体发展这些能力领域方面发挥了重要作用。下面的例子说明的是工作系统如何帮助学生增强他们的独立能力，如何通过工作系统的内在结构自我组织工作，做出选择和简单决定，分享使用设备与资源，并增强自信。

案例研究

便携式数字/字母式清单：共享资源

大卫，11 岁，在一所专门招收 ASD 学生的学校上学。他有不错的学业能力，在数学能力上尤为突出。在学习辅助老师的帮助下，他正在为升入中学而做着准备。他可以独立地遵照符号/文字日程表执行课程安排，在中学阶段可以进一步使用便携式日程表。大卫的工作任务用数字或字母进行了编码，摆放在架子上或抽屉里。在他的本班教室，他用的是一个数字/字母式工作系统，这个工作系统在记事本上由一系列的数字/字母组成了一个清单。大卫利用这个清单按顺序完成任务，每完成一项就划掉一项（见图 6.8）。在清单底部，有一句指令让他在工作完成后告诉老师或学习辅助老师，他们可以随后和他一起检查他的工作。

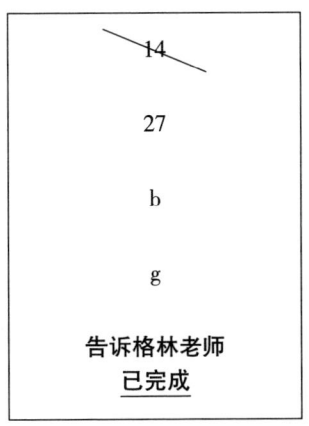

图 6.8 可以划掉的数字／字母式清单

在他的桌子上还放有一张符号／文字卡片,提醒他把未完成的工作放在哪里。如果学生无法在一段时间内按期望完成任务的话,那么告诉他把未完成的工作放在哪里这一点尤其重要。有些学生会为此感到困惑或变得焦躁不安,在这种情况下,为"未完成"的任务明确标示存放的位置,与明确"完成"任务的位置同等重要。

工作系统也帮助大卫更有责任进行自我管理和组织,并提升了个人自主能力。除此之外,也不用再为他提供完成任务所需的所有材料,而是随任务一起附加一个符号／文字的提示卡,要求他自己去找所需要的资源,如此就为他提供了机会,做出与日常生活有关的简单决定。

班级的学习资源都是集中存放的,以便所有学生在需要的时候都能拿到。有时候大卫找不到他需要的资源,因为可能别人正在使用。因此,在靠近存放资源的桌子上,放置一张符号／文字提示卡,提示大卫找到那位拥有他所需资源的同学,并问他是否可以分享使用,这样就为大卫提供了一个与他人共享资源的学习机会。

融合及从小学向中学阶段的过渡

当大卫在当地的普通小学进行数学课的融合学习,以及去新中学参观时,他携带一个活页夹,里面装着他的便携式日程表。这个活页夹也可以用于记录他的工作系统。文件夹最前面是他每天的日程表,记事本用来显示每节课的工作系统。这个数字/字母清单帮助大卫确认每堂课的任务,并由学习辅助老师和任课老师一同在课前拟定,或者有时由学习辅助老师随堂编写。

大卫会根据清单指示完成设定的任务,然后请求老师给予检查。很显然,这要求大卫的学习辅助老师与任课老师之间要合作并提前做好准备。有时信息无法提前获知,直到课上才能看到,或者要求发生了改变。如果有需要的话,马丁的学习辅助老师会在课上编写、添加或修改任务表。此外,有时老师会提供一个与任务完成顺序相关的选项,在本例中,大卫的任务表会显示选择的任务在哪里(见图6.9)。这能为大卫提供机会,让他做出一些简单决定,解决简单的日常问题。例如,他选择某项任务,是因为他要做另一项任务所需要的材料资源正被别人用着,那他可以和别人商量,等别人用完了再用。在等待的同时,他可以进行其他任务。

大卫不仅在个人工作时使用工作系统的策略,也在需要支持的课上使用这种策略。和蕾拉一样,采用工作系统之后,学习辅助老师可将更多的时间用于支持大卫理解课业内容。这样大卫仍可以自己去取任务,并且知道以什么顺序完成,以及工作完成后该做什么。现在他可以开始独立地去很多地方找取任务,并在完成后送回,也可以和别人共享资源。大卫自我承担责任,做出决定,并更加独立。他的工作系统与我们在面对诸多任务时自我设定的任务清单并无二致。

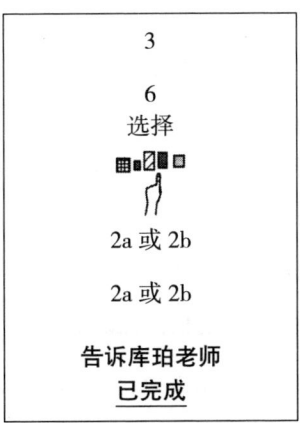

图 6.9　含有任务顺序选项的数字/字母式任务清单

在融合环境中的工作系统：和他人合作

　　工作系统同样可以应用在融合班级，提供有效的差异化策略，帮助学生融合其中。有些 ASD 学生会对融合班级需要的组织和管理要求感到压力或难以承受，这可能导致他们产生不恰当行为，如拒绝或逃避工作，有攻击行为或者过度焦虑等，从而给融合带来风险。学习辅助老师会发现，他们要花费大量时间帮助学生进行组织，克服组织障碍，也因而失去了宝贵时间，不能将精力集中于帮助学生学习课业概念。使用工作系统能帮助学生克服组织障碍，减少或消除学习中的潜在障碍。工作系统为学生融入班级提供了一种策略，赋予个体在主流环境中自我管理的能力。工作系统既可用于促进学生的个人独立工作，也可在学生需要支持的课堂中使用。另外，尽管工作系统常常用于促进学生的独立工作，但也可用来帮助学生发展与他人合作的能力。下面的例子阐明了工作系统在使用上的灵活性，在学生独立工作或者合作任务的多种情境下都可以使用这种策略。

案例研究

文字型工作系统

发展独立性和灵活性

萨拉，9岁，被诊断有ASD，她就读于当地的一所小学，在部分课上有一位学习辅助教师给予她支持。萨拉有良好的语言表达能力，尽管这会掩盖她在语言理解上的障碍。她的组织和排序能力很差，无法回忆教学的顺序。萨拉使用的是一个文字型日程表（参见第五章），在她有需要，如焦虑的时候，日程表也采用其他符号形式。

萨拉使用的工作系统由数字和文字指令构成，按不同课程分装在一个档案盒中（见图6.10）。萨拉要准确地找到课程对应的文件卡片，在每项任务完成后会检核划勾。萨拉能从最后一项任务下面的文字中知道下一步该做什么。萨拉的工作系统显示了她要做什么以及按照什么顺序完成任务。

在与任课老师商量并确定萨拉要做什么之后，萨拉的学习辅助老师通常会为她准备某些课程的工作系统，包括识字和算术课。她会在每天下午留出时间为萨拉准备第二天课程的工作系统。学习辅助老师已经准备了很多数字加文字的塑封卡片以重复使用。此外，还有许多空白卡片供辅助老师补充显示课上的新任务。萨拉正在学习聆听任课老师的口头指令，并自己将它们写在工作系统上，由本班的任课老师协助将工作系统放在白板上。

萨拉现在能知道自己要做什么工作，需要做多少以及当她完成后会发生什么；也能应对工作系统的调整并且在指导下自己修改指令；她也在学习如何应对以下的情况，比如，没有时间完成任务时，以及当要求她将某项任务从清单中画掉的时候。

使用工作系统，萨拉可以独立地组织她的工作。如果没有工作系统的话，萨拉会变得困惑、沮丧，经常要被学习辅助老师带离课堂，平复她的情绪，因而她会错过一些课程内容，这会使她更加沮丧。尽管制作萨拉的数字/文字式工作系统比较快捷、容易，但仍要鼓励萨拉发展独立能力，帮助她融入课堂。

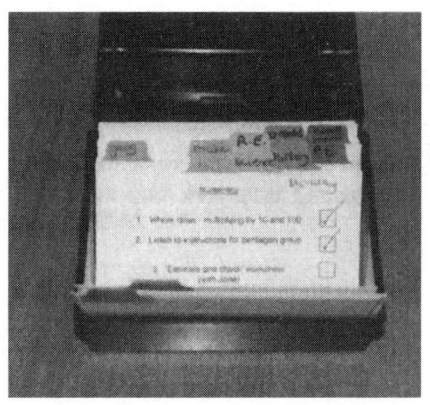

图 6.10　文件盒中的工作系统

萨拉在多数课上都使用工作系统，这可使她有条理地学习很多科目。工作系统除了用在个人工作，也会在萨拉小组活动时供她参照使用。工作系统经过升级就可以用来鼓励萨拉与其他学生合作参与小组任务。例如，萨拉的班级要为校内新闻准备一篇有关近期运动会的报告，集中在撰写、演讲、听讲、信息通信技术几方面，运用"拼图"的方法（参见第九章的举例）可以把这项工作按小组分成不同任务，包括：

- 采访学生并为报道确定引述内容及标题；

- 撰写报告；
- 分类、挑选运动会期间拍摄的数码照片，用于制作一份照片拼贴并加配文字。

所有学生一起合作编辑和准备最终的报告。萨拉的任务是挑选照片，并与其他两名同学讨论她挑选的理由，给照片配加文字说明，分享并轮流讲述照片。萨拉的工作系统不仅显示了她自己的任务，也提示了同伴的任务（见图6.11）。另有其他文字说明指导萨拉正确地使用编辑软件（参见第七章）。

每组同学都要向全班报告他们做了什么以及为什么这样做。萨拉的工作系统卡片帮助她回忆她们小组做了什么工作，并负责向全班报告。这样萨拉就有了一个机会反思和评价小组的活动，这既是他们小组工作的一部分，也是一项她要发展的关键技能。

萨拉的工作系统确保她与同伴合作，并成功完成自己的任务部分。工作系统和"拼图"策略的联合使用有时是帮助ASD学生融入小组任务的一种有效方法（Howley, Rose, 2003）。给ASD学生分配的任务应是他们最可能感兴趣的部分，或者可以发挥他们的优势；使用的工作系统要能帮助他们理解要做什么，做多少，完成之后再做什么。虽然萨拉可以在同伴旁边工作，但还有很多ASD学生无法做到这样。不过，仍可以给他们分配部分任务，让他们在个人工作区内借助工作系统完成任务，从而帮助他们融入课堂，并对最终作品作出贡献。

萨拉使用工作系统可以完成个人独立的活动，也可以在团体活动中与别人合作。

```
┌─────────────────────────────────┐
│      英语和信息通信技术课        │
│       准备一篇新闻报告           │
│                                 │
│  1. 全班：听讲              ☐   │
│  2. 1号小组                     │
│     ·选择照片               ☐   │
│     ·简挑选2张照片          ☐   │
│      （萨拉听讲）               │
│     ·萨拉挑选2张照片        ☐   │
│      向他人说明挑选的理由       │
│     ·杰克挑选2张照片        ☐   │
│      （萨拉听讲）               │
│  3. 共同组织照片的布局      ☐   │
│  4. 配加文字说明            ☐   │
│  5. 全班编辑报告            ☐   │
│     萨拉先听讲，然后向全班汇报  │
│     她小组所做的工作            │
│  6. 检查你的日程表          ☐   │
└─────────────────────────────────┘
```

图 6.11 小组活动中的工作系统

很重要的是，工作系统也可用于帮助学生理解全班集体课的组织与顺序。下面的例子说明的是如何运用文字型工作系统帮助一名学生遵循全班集体课的组织程序。

案例研究

文字工作系统和说明

索菲，10岁，在丹麦一个小镇的融合学校上学。她目前的班级有21

名学生，她每周还要接受 5 个小时的额外支持服务。索菲的所有科目都能达到预期成绩。尽管她学业能力不错，但她在组织和排序技能上仍感到困难，这使她在上集体课时困惑，并加重她的焦虑，使她无法参与课程学习。

遵循课堂活动流程，应对变化

索菲使用的文字型工作系统，被写在笔记本上，标明了每节课中的活动顺序，这样就可以帮助她遵循课堂的活动进程。班级老师或者支持辅助老师每天下午都会把第二天课程要用的工作系统写在笔记本上，以便索菲在上课前就能用上。索菲会遵照课程活动的文字清单进行工作，每完成一项就划掉一项。在每项课程活动的后面都有文字说明，给索菲提供课堂每一阶段进程所需要的细节。这个系统能为索菲提供明确的预期，帮助她理解课业活动的组织与进程。

索菲很快就学会了独立使用这种文字系统，但我们也发现当课堂出现任何变动时，她会难以应对。为了解决这个问题，现在任课老师会在教室白板上写出课堂的所有变动，并教索菲修改她的工作系统，划掉"原有"信息，写上新的信息（见图 6.12）。

这种工作系统能发展索菲的组织和排序技能，应对和管理课堂中发生的课程变化。这些都是重点要发展的关键技能，因为参与课程学习一定程度上取决于学生有自信，并对课程组织有所理解。如同在索菲案例中，如果学生对诸如"做什么工作，做多少，按照什么顺序，怎么处理未完成和已完成的工作"等概念感到困惑和焦虑的话，那么学生在参与课程内容的学习上就会有障碍，因为学生会过度将注意力集中在课业流程的组织，而不是课程内容上。这些障碍在集体教学的课上会更加严重，因为这时学生或将作为搭档或是需要参与小组的活动。通过教给学生组织策略，帮助他们遵循课堂活动流程，使学生能集中精力于所学的知识

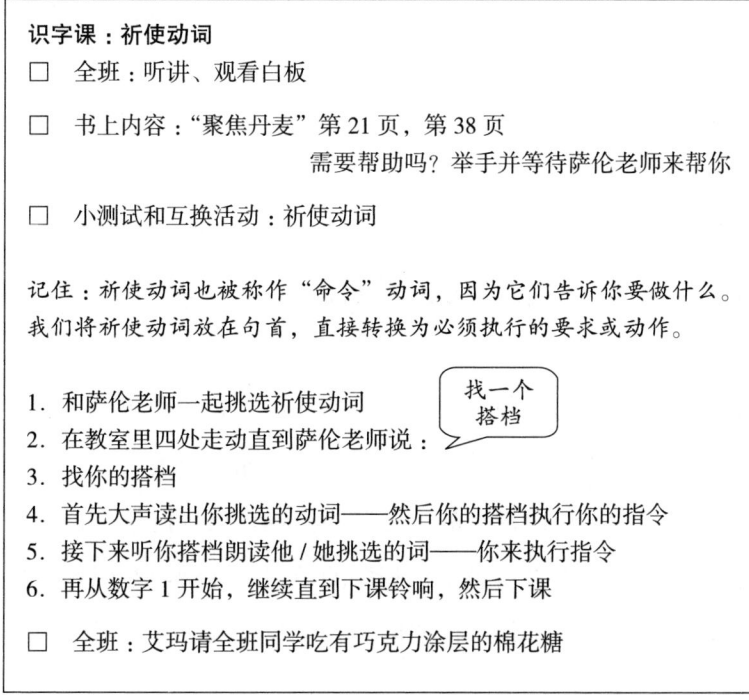

图 6.12　含有全班集体课视觉指令的工作系统

与技能,以及对课程内容的理解方面。对于像索菲这样能有效处理文字信息的学生,以及学过或正在学习使用电子设备的学生,可以将文字工作系统应用在电子记事本当中。

在融合式中学使用工作系统

通过与工作相关的学习发展工作技能

工作系统在设计上可以很灵活,且要满足个体的学习需要。对于在融合式主流中学的学生来说,工作系统无论是对于教室中的学习还是社区环境中的学习（如工作体验），都是一种有助益的策略。作为日程表组成部分的工作系统，对于某些学生也有很大的帮助，可以放在文件夹里或者智能手机、平板电脑等个人电子记事本中。这类工作系统可以适用于各种不同的情境。工作系统的使用并不限于有 ASD 的学生，事实上，我们当中的很多人也在日常生活中使用工作系统，通过列出工作清单，划掉完成的任务而获得极大的满足感！区别在于我们多数人可以自己建立并执行工作系统，而 ASD 人士则需要在每个环节上给予帮助。使用工作系统也是帮助 ASD 人士准备和应对学校以外生活的一种有效策略，包括进入大学和职场环境。通过给学生提供"与工作相关联的学习"机会，持续地发展他们的关键技能，从而使他们参与"为工作而进行的学习"。对于有 ASD 的学生，需要使用结构化的方法才能使他们参与与工作相关的学习，并学习在职场中如何进行自我管理和组织。下面的例子说明的是在学校以及工作实习中使用的工作系统。

案例研究

嵌在日程表中的文字式工作系统

亚当，15 岁，有阿斯伯格综合征，就读于当地一所主流中学，正在备考学习。亚当使用一个学生助手管理器，里面含有一个文字式日程表（参见第五章）。日程表中也嵌着一个由文字和数字组成的工作系统（见图 6.13）。亚当每天早上会和学习辅助老师一起在学习支持基地准备这个工作系统。

亚当在个人独立工作和融合班级上课时都使用工作系统。他每天在学习支持基地都有单独工作的机会，以巩固所学的技能，同时也培养专

> | 星期一 | A 周 |
> |---|---|
> | 上午 8:30 | 学习支持基地：检查一天的日程表 |
> | 上午 8:45 | 英语课 101 教室（学习辅助老师：史密斯女士）（**英语夹**） |
> | | **诗歌创作** |
> | | **听讲** |
> | | **抄写诗歌** |
> | | **展示给沃尔老师** |
> | 上午 10:30 | 休息：图书馆或户外 |
> | 上午 11:00 | 数学课 205 教室（学习辅助老师：泰勒女士）（**数学夹**） |
> | | **分数** |
> | | **听讲** |
> | | **练习纸 3** |
> | | **家庭作业——练习纸 4** |
> | 上午 11:45 | 学习支持基地：独立学习时间 3a 6b 2a 休息 |
> | 下午 12:15 | 午餐休息：户外或学习支持基地 |
> | 下午 1:30 | 体育课：运动场（什么装备？） |
> | 下午 3:00 | 学习支持基地：检查作业日志和明天的日程表 |
>
> **提醒：**
> 要举手，而不是打断老师
> 没完成的工作可以归档为未完成的——和辅助老师一起检查什么时间要完成它

图 6.13 嵌在日程表中的工作系统

注力和注意的持久性。在独立工作期间，亚当使用一系列标有"里"和"外"的文件盒，里面装有各种带标签的任务，与日程表中显示的特定课程的任务相对应。在融合班级上课时，亚当已经学会了自己建构工作系统，他会将老师的口头指令写在日程表的适当位置上。另外，在他的文件夹里还有贴着标签的拉链塑料口袋，用来存放学习辅助老师为他准备的其他额外指令以及某些特定课程要用到的材料资源（参见第七章）。他的工作系统会提醒他什么时候需要用到这些东西。亚当的工作系统有时也会包含一些问题，提醒他检查他需要的每样东西。

亚当也使用工作系统组织和完成家庭作业。在学习支持基地，他会和班级老师或学习辅助老师共同准备这个工作系统。他使用工作系统主要是为了克服组织技能上的困难，确保上课所用的必要资源。工作系统也可以帮助他完成家庭作业，让他知道什么时候提交作业，交给谁。

随着亚当越来越能够自我承担责任，管理自己的时间和工作，他正在学习辅助老师的支持下学习使用智能手机，组织每天的日程表以及每节课的任务和指令说明。学校的虚拟学习平台有一个区域是供老师发布信息和给个别学生提醒的，对于亚当来说，他可以利用这个平台获得有关家庭作业的重要信息。

工作体验

在亚当去当地图书馆进行工作体验时也使用到工作系统。他的日程表是在图书馆指定的指导老师的支持下完成的。

每天早晨，在指导老师的帮助下，亚当的工作系统内容会被并入日程表中（见图6.14）。这个整合了工作系统的日程表可以让亚当知道他要完成哪些工作，以什么顺序来完成，在什么时候可以休息。他也可以获得进一步的视觉指令，帮助他完成每项工作，并使他的休息时间变得更加结构化（参见第七章）。

在工作体验的后期，亚当能够独立完成所有分配给他的任务，并且被指导老师评价为一个尽责且可靠的员工。

使用日程表和工作系统让亚当无论在学校还是其他环境都尽可能做到了独立。此外，在日程表和工作系统内，也都给亚当提供了可以做出选择和决定的机会。亚当学习使用的这种结构化策略也可以迁移到校外的各种情境，对他成年期的生活也会有很大的帮助。

星期四	5月17日
上午 8:30	图书馆
	工作：馆藏整理（完成后告诉索普老师）
上午 10:15	休息　喝咖啡　阅读杂志
上午 10:45	**工作：还书处**
中午 12:00	午餐休息
下午 1:00	**工作：复印（完成后告诉格林老师）**
下午 2:45	休息
下午 3:00	**工作：整理书库（完成后告诉索普老师）**
下午 4:00	回家

提示：
当我需要时，请求索普老师的帮助

图 6.14　工作体验日程表上的工作系统

本章小结

　　工作系统是结构化教学中的重要组成部分，能让学生变得有条理，注意力集中，持续参与并完成任务。通过提供清晰的视觉提示和组织，工作系统能有效地契合 ASD 学生特殊的学习方式。工作系统的内在结构也能为学生提供与人交流、做出选择与决定的机会。只有工作系统设计得个别化，才能帮助学生更好地参与课程学习，以及在不同的课程领域发展融合（见表 6.1）。

表 6.1　通过使用工作系统实现课程参与

幼儿早期	工作系统能促进：独立执行活动；独立使用资源；专注和注意力集中。
贯穿课程的关键技能	工作系统能促进：沟通工作内容；组织技能；日常问题解决；与他人合作。
个人和社会性教育	工作系统能帮助学生：管理自己的行为，发展自控能力；发展个体自主性；做出选择；增强责任心和自信心。
广域课程	工作系统可用于支持学生参与更广泛的课程，例如，职业培训或者与工作相关的学习。

　　如同结构化的其他要素一样，就个体学生而言，在确定哪种类型的工作系统对他最有效时，评估学生的发展水平和认知能力是尤为关键的一步。其目的在于，我们提供的工作系统要对个体最具有功能性，能让个体最大限度地做到独立。这将要求我们设定个别化的目标，进行细致的监测与检视，只有这样才能保证工作系统的有效性。个别化的工作系统所提供的结构化的组织框架应能使学生参与其中。

　　日程表和工作系统都能有效地帮助学生，它们以学生最易理解的形式为学生提供了关于一日活动顺序、如何变得有条理等方面的重要信息。如果日程表和工作系统能够适应学生的个别化需求，那么学生就会了解什么时候、在哪里、将要发生什么；也可知道他要完成多少工作，从哪里取工作材料，他的工作进展如何，工作完成以后怎么处理以及下一步该做什么。然而，这并不是全部。学生可以从日程表上了解现在该去上算术课，也能够找到他要完成的工作，但当他看着任务时，他可能不知道怎样去完成它。学生需要额外的视觉信息支持，才能知道如何完成活动或者任务。第七章中提供了很多例子，说明额外的视觉信息如何帮助学生理解和完成各种任务，这些例子来自不同的学科课程。

第七章　视觉信息：增补含义

概要

　　视觉结构可以用于组织、明晰及区分任务和作业，能为学生提供我们期待他做什么，怎么完成任务以及如何使用现有材料等信息。由于孤独症学生通常具有视觉优势，视觉技能强过语言理解技能，因此，视觉信息在促进学生理解、执行课堂任务方面具有明显的作用。如果教导学生学会在活动中寻找视觉信息，那么他们就能更有效地利用这些信息理解任务要求，并完成他们的工作。视觉明晰、视觉组织和视觉指令是视觉信息三种重要的表达方式。

　　视觉明晰能将学生的注意力吸引到重要或相关的信息上面，是向ASD人士解释和指向任务最为核心部分的一种方法。颜色和突出重点是两种最常用的视觉明晰方式。

　　视觉组织涉及空间和容器的使用方式，即如何使用它们组织任务或作业。组织可传递一种秩序感，这对于ASD人士有极大的帮助。任务的组织也能限定学生的注意焦点，使学生更易识别和持续注意那些最重要的信息。组织化的容器、限定的材料、分解任务和稳固材料都是使用视觉组织的有效方法。这些组织策略能让学生把注意力集中于他们的任务，而不是徒劳地组织材料。

　　视觉指令是文字或形象的提示，提供学生有关如何做一项任务或者如何正确地组装任务的不同部件等信息。视觉指令包括文字指令、带有字词的图画指令、夹具或者样品（你想要学生制作的东西原型）。持续使用视觉指令的学生会变得更加灵活，因为当任务要求发生改变时，视觉指令也常要随之变化。当ASD学生能够理解并遵循这种指令，而不是按照他们自身古怪特异的方式来完成任务时，那么他们的刻板特征就会减少。对于学生和老师来说，促成更大灵活性的基础是由于指令会依随所要求的方法和结果而发生变化。当学生可以遵守视觉指令并将其作为一种常规而使用的时候，就可以通过改变指令增强他们的灵活变通能力，同时鼓励他们解决简单的问题。

视觉信息可作为一种提供差异的策略

任何课程的融合，其原则都意味着老师需满足学生的学习需求，并克服学习中的潜在障碍。许多ASD学生采用视觉主导的学习方式，这就意味着要贯彻这些原则，需提供额外的视觉信息加强对特定任务和活动含义的解释。教师如何体现这些原则呢？有效的方法包括：采用适合不同学习风格的恰当教学方法；使用不同形式的视觉和文字材料，如印刷文字、符号和文本等；使用扩大和替代沟通手段，如手势和符号等；使用可以扩展学生知识的信息和通信技术手段及视觉和其他材料。使用视觉信息可有效地促进学生对特定任务和活动的理解，并可作为ASD学生区分任务要求的一种有效方法。

改善物理环境的结构，引入日程表和工作系统，这些都是结构化教学中的有效要素，可以让学生更加理解我们期望他们做什么。这些策略可帮助学生专注并理解将要发生的事情，发展独立的组织技能。同样，这些策略也能为ASD学生创建有效的学习环境。然而，除了创设一个有效的学习环境，ASD学生还需要提供视觉信息，增加对学业课程以及为完成任务他们需要做什么事情的理解。例如，日程表可以告诉学生现在是要去上算术课；工作系统可以让学生组织他们的工作；额外的视觉信息则能增加学生对于任务本身的理解。

视觉的信息元素可以对任务和活动的含义给以解释，无论是学科课程还是与课程相关的其他活动，如集会和游戏活动。本章的目的是提供具体实例，说明使用视觉信息如何提高学生对于课程和活动含义的理解。在使用视觉信息区分任务要求时，应依据学生的认知和发展能力不同而体现个别化。因此，本章提供的例子可能不一定会适合其他学生。举例是为了说明教师和辅助人员在使用视觉信息时应掌握的原则，他们需要根据学生的学习需求评估调整和区分任务设计。学生需要学习寻找视觉信息，以帮助自己理解课程中呈现的概念，了解完成任务所需要做的是什么，以及如何开始任务解决。

视觉信息可为不同情境下进行的各种活动和任务补充解释它们的含义，使用视觉信息的理由包括：

- 独立练习和巩固之前所学的技能；
- 独立工作时间；
- 对小组课和集体课的任务含义进行补充解释；
- 培养问题解决和探究技能；
- 发展日常生活的独立能力。

视觉信息是在所有学科课程中进行差异设计和教学的有效策略，可用于帮助学生发展关键技能和思维技能。下面的例子说明了使用视觉信息为 ASD 学生提供差异化任务的各种方法。

引入视觉信息

用于区分任务的视觉结构要素包括：视觉明晰、任务的视觉组织和视觉指令。对于年幼学生以及有重度学习困难的学生，可通过视觉的方式建构学习任务，保证任务的概念或意图清晰明确。任务材料的视觉组织也可帮助学生增加对任务要求的理解。对于许多 ASD 学生而言，任务材料的组织非常关键，就如同 ASD 学生在组织自己去哪里取任务，任务完成后要放到哪里等相关工作上感到困难一样，他们在组织任务材料上也会遇到困难。尽管工作系统可以帮助学生找到自己的工作，并在任务完成后将它存放好，但是 ASD 学生还需要额外的视觉信息，帮助他们组织任务材料。学生有时无法完成任务，可能是由于材料的组织引发他们困惑或焦虑而导致。例如，散放在地板上的分类材料可能会让学生发愁，因而无法完成任务。组织材料并将其放入固定的容器，这种任务组织可能会减轻学生的焦虑，并确保他们完成任务。在这种组织水平，视觉指令无需使用，通过视觉明晰和视觉组织的形式就可以确保学生理解任务的要求，而不再需要任何的视觉指令。使用"鞋盒任务"已经成为一种常用的视觉结构化的方法，可以提供清晰而有组织的任务材料，能让学生独立地完成任务。

案例研究

引入结构化任务

山姆，3 岁，就读于一所融合幼儿园。他正在学习通过使用物品实现幼儿园各活动之间的转换，以及学习如何使用带有"完成篮"的基本工作系统来发展组织技能。当给山姆呈现很多材料时，他常常会情绪失控，并把东西扔到地上。在一对一教学时间，山姆正努力学习与沟通、语言、识字、数学能力发展相关的早期发展目标。给他的任务都具有清晰视觉的结构,从而提高他对于要做事情的含义理解。材料有组织地放入固定的容器,这样就不会被弄丢。每项任务都是在"鞋盒"或托盘中呈现,并不需要山姆去组织材料。任务也按照从左到右或从上到下的顺序进行组织,因此,所有的材料都被放在最左边或最上面的容器,鞋盒里或托盘中。山姆要学会遵循从左到右或从上到下的组织常规,这是他可以独立完成任务的第一步。当山姆在一对一教学中学习完成每一项任务,这些任务就会转移到个人独立工作当中。山姆会在一个工作隔间里无任何干扰地完成这些任务,这使他可以继续练习他所学过的技能。下面的举例解释说明的是,设计视觉结构化的任务,帮助山姆在早期课程方案中发展他的基础能力。选用的学习材料都是山姆感兴趣的,可以激发他参与的动机。

数学能力发展:形状

山姆对材料的质地和形状有特别的兴趣。通过使用视觉结构化的任务,山姆正在学习配对各种材料。下面的任务是山姆在成人的帮助下完成的(见图7.1)。

图7.1 独立任务:数学能力发展

由于山姆喜欢感受不同的质地，这可以帮助他进行正确的配对，因此，这项任务使用了不同材质的材料，制成各种形状。材料按照从左到右进行组织，同时使用魔术贴固定配对的材料。山姆无需组织任何材料，因此可以把注意力集中到任务概念本身。与此类似，也可以在一个结构化的鞋盒中呈现材料，以帮助山姆清楚地明白他要做什么，减少由于缺乏组织技能而产生的挫败感。之后，山姆可以进一步进行没有材质提示的形状配对与分类任务（见图7.2）。采用不同的形状，变化任务的形式让山姆进行分类，不断帮助他取得进步。任务的视觉组织可以有效地帮助山姆将注意力集中在分类概念上，而不必为组织材料而担忧。

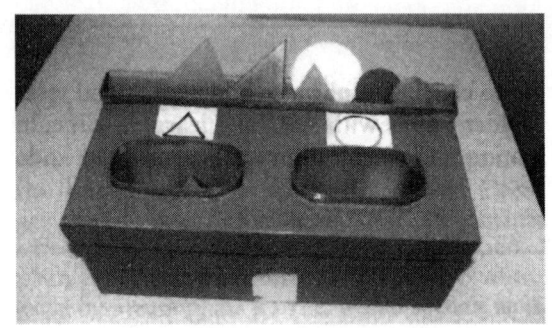

图7.2　发展独立性：数学能力发展

手眼协调

山姆也使用游戏材料实现其早期目标的学习。下面的例子说明了如何使用一组套叠玩具帮助山姆练习手眼协调能力（见图7.3）。同样，这个任务在组织安排上是让山姆从左边自上而下地取形状，然后依次叠放在环形柱上。如果材料没有经过视觉化的组织，山姆会很快变得没有头绪，不知道要做什么，很可能会放弃这个活动。视觉组织能让山姆明白如何完成活动，但这一阶段他仍然需要一些辅助。随着不断取得进步，他会变得更加独立。山姆的保育助理和他的老师会在制订计划时商讨他的活动和任务,并由保育助理对任务进行视觉结构化的安排设计。如:从左向右、自上而下组织任务材料,使这些材料可以广泛地应用于很多活动当中,包括下厨、戏水,等等。

图 7.3 独立任务:手眼协调

目前山姆是在辅助下学习完成活动。一旦他学会了完成一项任务,教师会安排他在个人工作时间使用工作系统练习新学到的技能。这为山姆提供机会独立复习和巩固他学到的新技能。当他学会了新技能,这些技能就可以转到他的独立工作时间去练习,同时他可以继续在一对一的教学时段学习新的技能。持续监测、记录和检视山姆在独立工作中的完成情况非常重要,这可以保证山姆不断取得进步,不会因过多重复而感到厌烦。尽管这一阶段为了巩固学习,他需要进行一些重复练习,但是关注他在独立工作时段作业的进步情况同样非常重要。山姆在个人独立工作中的任务是与早期学习目标和他的个别化目标有关的课程,山姆的老师需要密切监测他的学习进步情况,并适时为他更新个人独立工作的任务。

视觉信息有助于明确早期学习目标中各种活动和任务的意图,有 ASD 且学习困难的大龄学生同样需要这种水平的视觉组织帮助他们增加对任务概念的理解。

案例研究

发展结构化任务

马丁，14岁，被安置在一所特殊学校，他所在的特殊班级有6名ASD学生。马丁会借助视觉信息独立完成各种任务，使用实物日程表和从左向右的工作系统。马丁每天的日程中都有独立的工作时间用来巩固学到的新技能，并练习独立组织和学习技能。这些独立的学习时间主要用于完成那些参照课程而发展的学业任务，并达成他的个人目标。在小组课和集体课中也会用到视觉信息，如科学课。另外，视觉信息也能帮助马丁参与其他的活动，如微型企业活动。借助视觉化的明晰和组织，可以帮助马丁明白如何完成特定的任务。马丁的任务呈现在不同的容器里，包括鞋盒、托盘、篮子和文件夹等，为的是提高他的灵活变通能力。下面的例子说明的是，如何运用视觉信息帮助马丁从事小组活动和个人独立的工作。

科学课

运用视觉信息可帮助马丁完成课堂上的很多任务，例如，科学课有一系列的课程任务，需要学生观察化学反应与溶剂混合。其中一节课是要求学生把红色的甘蓝汁倒在各种日常物质上，观察并记录结果。马丁在他人帮助下记录观察结果，将发生同样颜色变化的物质归为一组（粉色或蓝色），并拍下每组的照片。老师为马丁和同伴准备了一个结构化的任务，并帮助他们完成任务，任务的视觉化信息如图7.4所示。

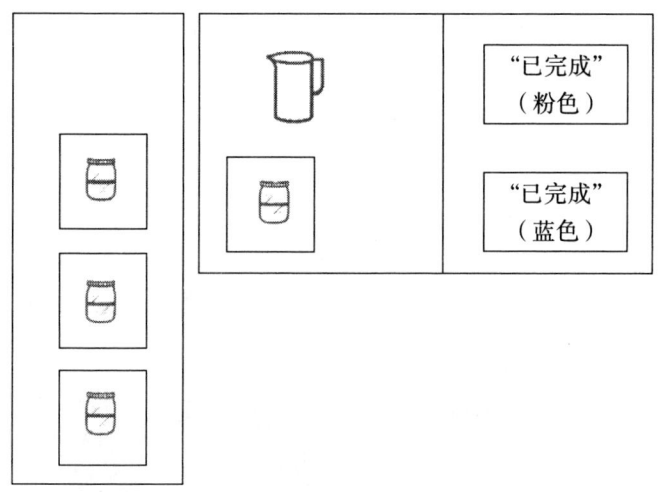

图 7.4　视觉组织：科学课

马丁及同伴从事的活动和使用的材料都遵循从左向右的组织顺序，以帮助他们系统地测试每样物品。彩带位置显示的是倒入每个容器的甘蓝汁容量，在右边有两个"已完成"容器分别是粉色和蓝色。这种视觉组织能帮助马丁和同伴观察颜色反应，并决定将混合物放在哪个容器里。如果没有视觉信息的帮助，学生可能会困惑并因此产生问题行为。视觉信息能帮助马丁理解他要做什么，也有助于培养他的探究技能。尽管在课堂上，马丁仍然需要成人的辅助，但现在成人的精力主要集中在强化他对课程内容的概念理解，而不是为他组织材料。借助使用视觉结构的任务，马丁更有可能参与课程学习，并达成他在科学课的目标，能依据简单特征或性能对物品和材料进行归类，参与实验及相关情境，使用熟悉的实验设备。

讲述和倾听

作为英语课的一部分，马丁正在学习与人沟通，与家人和老师分别谈论有关学校和家里发生的事情。除此之外，他也被鼓励与喘息服务中心的工作人员谈论这些事情,他每月会有一个周末去那个中心。马丁有一个日志式沟通本,可以实现这一沟通目的。他使用视觉化信息完成每天的日记,用物品或包装里的标识代表他做了什么,他喜欢什么等(见图7.5)。为马丁和其他学生提供机会,让他们参与制作一些简单的视觉、触觉式记录来反映他们每天经历的方法有很多,日志法只是其中一例。用这种方法记录事件也为马丁提供了一种视觉化工具,鼓励马丁发展他的情景记忆能力。

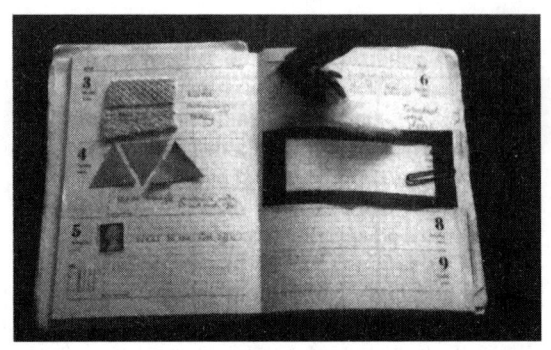

图7.5 视觉明晰:沟通

这项活动由一位成人给予帮助,在一个常规的结构内完成。任务材料遵循从左向右的视觉组织,代表特定场地或事件的各种物品和标识要在白天收集,并将它们放在左边的容器中供马丁挑选。记日志的当天需要为马丁突显出来,以便马丁记录他所挑选出来的事件。给予辅导的成人会与马丁谈论他的选择并适时写下评论。当马丁学会了辨认图片时,沟通本还可以继续使用图片的形式。总之,马丁正在使用物品和标识与其他人进行沟通交流。

微型企业项目

视觉信息在课堂之外的应用也同样重要。马丁所在的年组参与了一个微型企业项目，涉及清洗汽车和小巴士，这个项目是他们在企业与创业技能相关工作中的一部分。作为项目的一部分，马丁要学习清洗车轮、车灯和车牌。为了帮助马丁独立完成任务，这项任务需要为他提供一些视觉化的信息和组织。清洁用具放在一个水桶，冲洗用水和抹布放在另一个水桶里，这两个水桶按照从左到右的顺序摆放，"先清洁，后冲洗"也是作为"首先……然后……"的常规顺序需要马丁学习。用彩色贴纸标示马丁需要清洁的区域。教导马丁从左边开始工作，围绕车子寻找有贴纸的地方进行清洁。放置一个"完成"桶，盛放学生用过和用完了的清洁用具。

独立任务：算术

微型企业活动也可延伸一些让马丁练习和巩固基础技能的个人任务。例如，在拿到清洁汽车的酬劳后，马丁要把硬币分装在不同的钱袋，以便拿去银行兑换（见图7.6）。这项任务可以让马丁在有意义的、与微型企业项目相联系的真实生活情境中，强化认识硬币的能力。材料都放在托盘中，马丁从左到右进行工作，彩色胶带显示的是打开每个钱袋的位置。

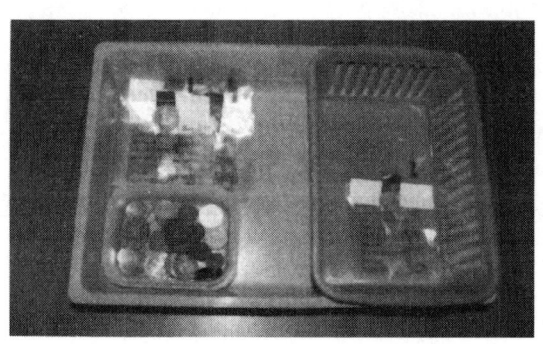

图7.6　与微型企业项目关联的独立算术任务

为马丁提供的视觉信息主要体现的是视觉组织和视觉明晰，而不是他还无法理解的视觉指令。有些学生可以遵循从简单到复杂的各种视觉指令，帮助他们理解和参与课程学习。下面的例子说明了在个人独立工作、小组工作和游戏时间等不同场合使用的图片或文字视觉指令。

案例研究

图片视觉指令

有些学生能够理解图片和照片，可以遵循图片的视觉指令。里基，6岁，有ASD且学习困难，在一所为有各种特殊教育需要的学生开设的特殊学校中接受专门的孤独症特殊服务。他使用照片式日程表（参见第五章）和颜色或形状配对的工作系统（参见第六章）。视觉信息可用来帮助里基在独立工作、小组活动及课堂中遵循视觉指令。里基每天都有一段独立的工作时间，练习学到的技能，并强化某些概念。在日常学习的基础上，他要完成一些与核心科目有关的任务。此外，核心科目和活动（如结构化游戏）中与主题相关的任务也都进行了视觉结构化的设计。

识字课

在识字课的独立工作时段，给里基提供机会巩固他所学过的技能，设计要完成的任务是练习与识字课或他的个人目标有关的技能。例如，里基跟随一次学校之旅，参观当地的农场，然后在关于农场动物的故事课上，里基的个人任务是独立地把故事中出现的农场动物图片进行配对（见图7.7）。

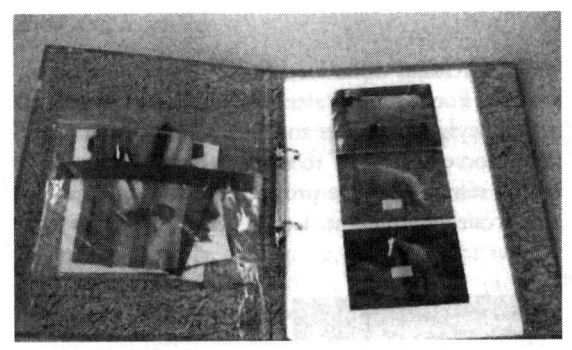

图 7.7 独立任务：识字课

里基的这项任务在文件夹中按照从左到右的顺序进行组织。他已经学过每页按照从上到下的顺序配对照片。从左到右和从上到下的常规与阅读方向一致，因此，这项任务可以强化里基理解图书阅览的模式。当里基开始认识符号，任务可以升级为符号与照片配对。进一步升级的话，任务可以设计成一种类似的结构化活动，帮助里基建构自己的农场动物故事。里基可以在成人的辅助下，从一组可供选择的彩色图片中选择图片，再将它放在准备好的模版上（见图 7.8）。然后辅助者与他一起讨论，在图片旁配加适当的文字说明，之后他自己可能用符号进行图片说明。里基的任务都经过了视觉化的组织，并使用魔术贴固定所选择的材料。这样，在读写课上就可为里基提供机会，让他在结构化活动中，用熟悉的材料编写个人经历的一些事情。

尽管里基自己还不能编写故事，但是我们正在支持他运用图片创作故事书，并对所写内容给出建议。视觉模版帮助里基进行组织，并尽可能独立地构建故事书。通过提供不同布局的视觉模版让里基从中选择，可以丰富故事书的呈现样式。当里基取得进步后，可以使用信息技术软件设置故事模版，让里基运用模版中的视觉结构独立编写故事。

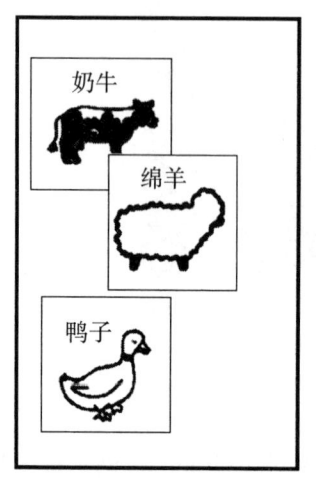

图 7.8 视觉结构：故事创作

设计与工艺课

在其他学科本位的课程中，也使用类似的视觉信息。例如，在设计与工艺课上，里基要学习组装、连接以及组合材料和部件。视觉信息以图画指令的形式供里基参照（见图 7.9）。如果没有视觉指令，里基会失去兴趣，或者用重复的方式组装材料。

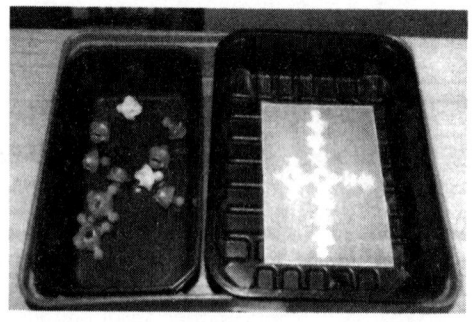

图 7.9 图片指令：组装、连接以及组合材料和部件

这项活动采取从左到右的视觉组织形式，含有图画指令，供里基参照。通过参照不同的图画指令，里基可以很灵活地使用不同部件。对于一些学生，可以在图画指令中加入一些选择元素，例如，省略某些部件的颜色指令，这样学生仍然有关于模型的指令，但又必须要做出颜色选择。同样，可以增加一些问号，让学生决定用哪些部件构成模型。在视觉结构的支持下，以这种方式可以鼓励学生解决一些简单的问题，并发展他们的早期思维技能（见图7.10）。

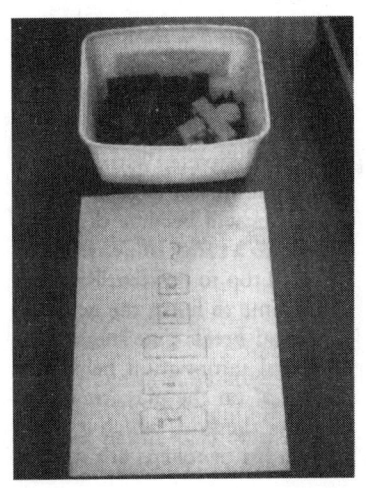

图7.10 视觉指令：早期问题解决和思维技能

一旦里基能遵循视觉指令，就可以鼓励他在同学旁边玩耍。例如，在游戏区，提供组装参照用的图片指令及各种合适的材料。里基已经学会了在其他学生旁边玩耍，共享游戏材料，同时遵循自己的视觉指令进行组装。

艺术与设计课

视觉信息也可用在像艺术课之类的课堂上。例如，里基的班级要花一些时间研究模式图，以及学习黑与白的运用。大量的"灰色度"视觉图像为他制作各种模式图提供了视觉指导（如图 7.11 所示的例子）。

 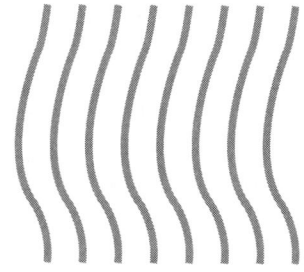

图 7.11　视觉信息：艺术

鼓励孩子们选择一个图像，作为他们之后工作的指南。如果没有视觉指导的话，多数学生可能会不停地乱画，无法制作模式图。跟随视觉指导，一些学生开始能创作出他们自己的模式图。

游戏时间

视觉信息在其他的时段也同样重要。在游戏时间，里基使用照片式工作系统显示他要完成的活动。如果没有这个工作系统，里基会漫无目的地游荡，无法发起也不能参与任何活动。尽管他喜欢游荡，但如果长时间不去理他，他会感到沮丧、受挫。通过提供工作系统，可以引导他参与许多活动，也包含游荡活动时间。工作系统中的指令遵循从上到下的顺序，里基遵照指令，每当到了活动结束时（午餐监督员摇铃时就意味着游戏活动结束了）便移除一张照片。一般的午休时间可能包括一系列活动，诸如"骑自行车、打篮球、散步"，进一步的视觉信息可以帮助里基参与这些活动。例如，操场上的"道路布局"能够说明哪里可以骑自行车（如果没有道路布局，他可能会越界在踢足球的区域里骑自行车）。当里基参加篮球活动时，墙上会粘有一列代币，显示他要玩几轮。另外，每个学生都会在轮到自己时得到一个写着"轮到你了"的图片提示。当轮到里基时，他就取下一个代币放入桶中，当所有的代币都从墙上取下来并放到"完成"桶的时候，里基就知道他的轮次结束了。当里基变得对各种活动更熟悉和更自信时，指令可以升级，包含一些选择的元素。这样的话，视觉指令能给里基提供一些机会，鼓励他开始做出简单的选择。游戏时间也可为学生提供绝佳的学习机会，鼓励他们在结构化的游戏情境中发展"与他人合作"的关键技能。视觉信息可以帮助孤独症谱系障碍学生理解要做什么，并且可减少困惑，这是学习在同伴旁边游戏或一起游戏的重要前提。

视觉信息的提供取决于学生的视觉认知水平。视觉组织和视觉指令都需要个别化的设计，它们可以灵活地为多种活动提供视觉结构。有些学生可以理解符号和图像，这种类型的视觉信息，可以补充言语指令，极大地提高学生的理解能力。

案例研究

符号指令

蕾拉，9岁，有孤独症且学习困难，在一所普通小学专门为特殊学生服务的特教部上学。蕾拉使用半天的符号日程表和数字匹配式工作系统。视觉信息为蕾拉阐释任务里的重要信息，帮助她组织任务，并且为她提供符号指令，说明她要遵循何种顺序完成任务。下面的例子说明了视觉信息是如何呈现并帮助蕾拉的：（1）增加团体活动和全班集体课中的理解力；（2）独立工作；（3）理解特定活动的顺序和目的，例如：组装活动。

识字课

在识字课上,蕾拉使用符号指令作为老师言语指令的补充。当蕾拉和他人一起工作时,也会借助符号指令的帮助。在一节以写作为重点的识字课上,老师让蕾拉给妈妈写一封信,内容是有关最近的露营旅行。与写作和作文有关的目标包括:排列事件发生的先后顺序,并恰当地描述细节;在句子中融入想法;用清晰的结构构思写作。蕾拉与另外一个有特殊教育需要的学生及一个成人一起合作。蕾拉和同学各自使用一个视觉结构化的"想法清单",帮助叙述事情(见图7.12)。通过参照这个清单,用电脑在预先备好的书信模板上插入符号和文字,这样大人就可以帮助蕾拉完成她的书信。

就学校的郊游给妈妈写一封信	
想法	
1. 你怎么去旅行的?	
2. 你住在哪里? 哪里　大篷车　家庭　农场	
3. 谁去了? 谁	

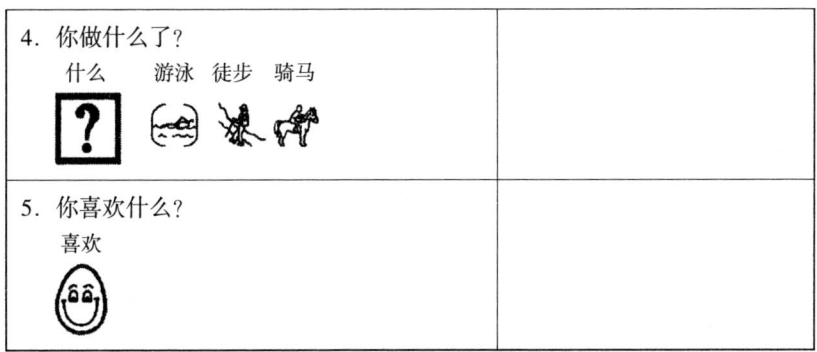

图 7.12　符号：在识字课构思写作

科学课

在科学课上，蕾拉的班级要进行一系列关于"生长"的课程学习，包括种植豌豆，观察生长阶段，认识植物的各个部分，以及认识根系能在黑暗中生长而绿叶需要阳光。其中一节课，蕾拉要和另一位女学生合作把种子种到一个个花盆里。她们两人都需要符号指令的帮助完成活动任务，工作清单遵循从上到下、数字编码的顺序，关键信息和教学要点采用了视觉突出的阐释方式。借助这些视觉指令，蕾拉和她的同伴可以独立地执行每个阶段的任务。如果没有这些指令的帮助，蕾拉可能需要一个大人专门花时间帮她组织和排序任务，而无法重点关注教学的要点。

另外，在上课之前，分配给蕾拉的任务是让她给每组搭档分发材料。图 7.13 所示的符号列表可以帮助她完成任务，她不会因为要处理大量的材料而变得手足无措。这个列表帮助蕾拉先收集一套材料，然后发给同伴，这也是蕾拉发展社交技能的一项个人目标。列表减少了蕾拉由于组织工作而带来的焦虑，这意味着蕾拉可以集中精力，努力达成她的社交目标。

分给每组搭档	简 萨利	蒂姆 山姆	马克 艾米	吉塔 亚力克斯	蒂娜 贝丝
 2个花盆					
 1包肥料					
 1把铲子					
2颗豆子					

图 7.13　符号列表：与人合作及社交技能

发展独立性

所有学科都可以使用视觉信息帮助学生发展独立的工作技能。需要独立完成的任务，可能会与班级教学或个人目标有关。因此，我们需要监测这些任务并记录学生的进步和成就，以保证学生不仅有机会巩固他的学习，而且能够取得进步。独立完成的任务需要结构化的设计，需要考虑材料的组织、明确的要求、视觉指令，帮助学生理解要做什么。

为了强化学生对生长顺序的理解，老师把生长阶段分解成一系列的图片。老师还设计了一个结构化的活动让蕾拉独立完成（见图7.14），这个任务利用符号图片，让蕾拉按照从左到右、从上到下的顺序进行匹配，任务中的数字也能帮助蕾拉准确地按顺序完成。这项任务是巩固蕾拉理解绿色植物生长过程的设计之一。

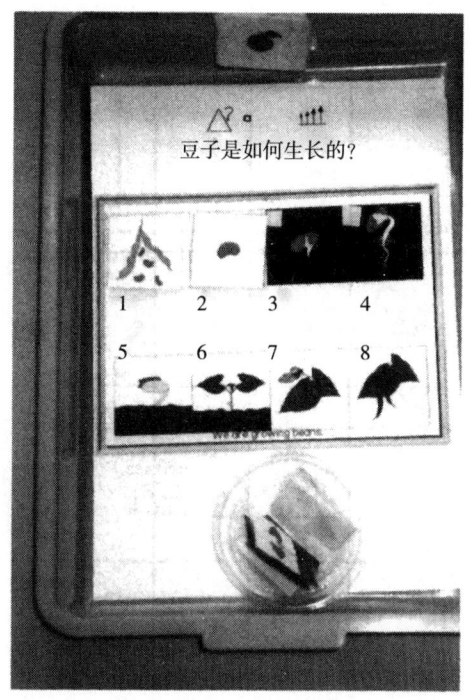

图 7.14 独立任务：科学课——绿色植物

我们也可以设计类似的任务，巩固学生在其他领域的学习。当蕾拉的班级正在研究骨骼内容的时候，学习辅助老师设计了一项任务，使蕾拉和其他同学可以独立地完成复述，并强化他们对骨骼相关身体部位的认识（见图 7.15）。任务被安排在一个托盘中，是身体的各个部件拼块，并使用魔术贴固定拼块——这对于后续检查工作完成情况非常重要。如果没有给予视觉结构支持，只给蕾拉一张工作清单，让她分割身体各个部位并将它们粘贴到骨骼架构上，她会变得没有条理、焦躁不安，并需要相当多的帮助。这可能会使她分心而无法注意任务的关键信息，她可能会把全部精力用在组织材料上，而不是用于任务目标。结构化地设计这项任务能让蕾拉没有苦恼地独立完成工作，专心地将身体部位和骨骼进行匹配，而无需自己组织材料。

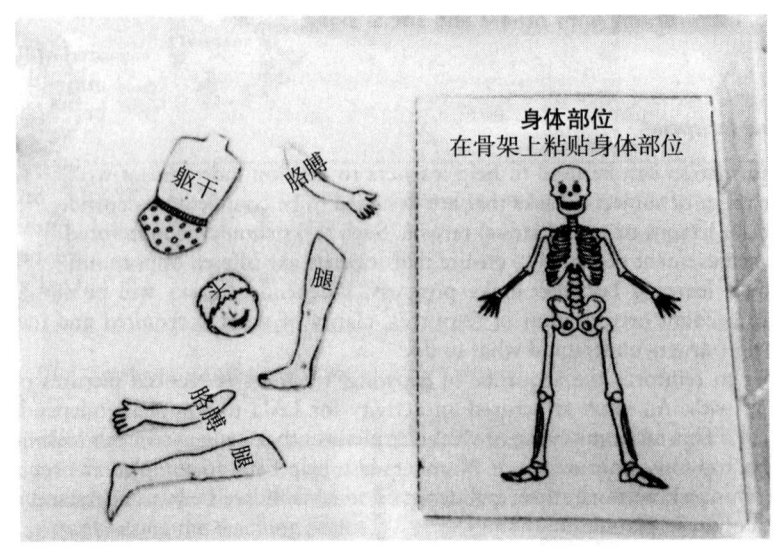

图 7.15　独立任务：科学课——骨骼

体育课

对于 ASD 学生和其他有特殊教育需要的学生来说，视觉指令也可用于体育课的教学。在一系列有关运动和行走的课程中，蕾拉可以遵照视觉指令（见图 7.16）完成包含以下目标的体育活动：完成行走的基本技能；发展各种动作和技能；选择并串联短时运动中的技能和动作。

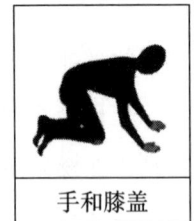 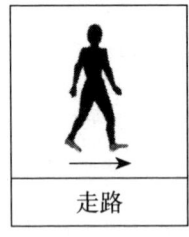 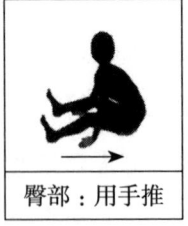 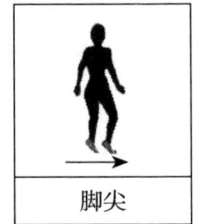

手和膝盖　　走路　　臀部：用手推　　脚尖

图 7.16　视觉指令：体育课

视觉提示最初在课堂上的应用，是使用一些小型器械设备，清晰地排列出线路。例如，沿着一个长凳，在每件器械上都放置视觉提示显示如何行进，并教导蕾拉如何遵循这些视觉指令。当学生们对视觉提示变得越来越熟悉时，课堂中的视觉提示也可以不断变化，并扩展到鼓励学生们遵循一系列提示线索去连接各个动作，或者加入一些选择，鼓励学生们发展创造性思维和想象力。

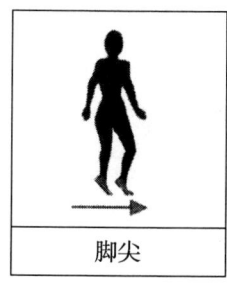 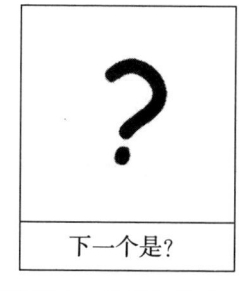 

脚尖　　　　下一个是?　　　　跳跃

图 7.17　视觉指令：选择和做决定——体育课

鼓励贯穿于所有课程的早期思维技能

视觉信息也可用于鼓励贯穿于所有课程的早期思维技能（比如记忆）的发展。例如，蕾拉正在发展个人的自主性，主要是在社区中能够做决定。在一次社区参访活动中，支持辅助老师发现蕾拉不确定她该使用哪个卫生间，经常是晃进"男厕所"。因此，随后的一系列社区参访活动中，老师都会教蕾拉在不同环境下寻找"女厕所"。支持辅助老师也设计了一组活动描述各种参观顺序，鼓励蕾拉提前计划，并决定她应该寻找哪种厕所标志。

图 7.18 展示的是一次参观活动的顺序（提供的符号都是学生可以选择的符号）。这项活动是在去社区参观之前，由蕾拉和支持辅助老师以及另一个学生共同完成的。支持辅助老师会鼓励蕾拉决定她要买什么，并用一个符号记录她的决定。然后，她要选择在社区参观期间可能要去的厕所标志。蕾拉在参观过程中都会带着这个已完成的任务，提醒自己的计划。这种结构化的活动能让蕾拉发展计划技能，并做出与日常问题解决相关的决定。

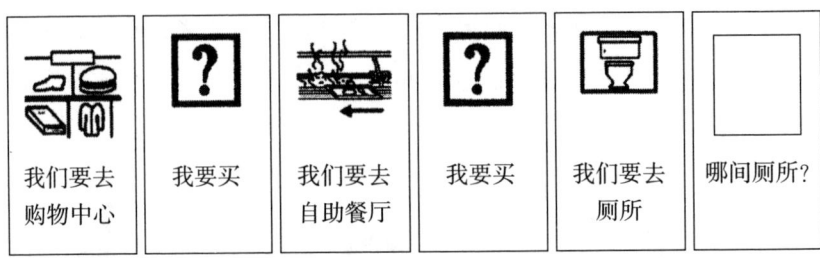

图 7.18　鼓励早期思维技能和个人自主性的视觉信息
——个人、社会性和健康教育（PSHE）

课程的其他层面

视觉提示也会在其他方面帮助蕾拉。例如，在集会上，蕾拉可能对将要发生的事情感到焦虑，并总是要求离开。蕾拉的老师认为她的焦虑部分是由于她对集会的组织、何时结束才可以回到教室缺乏理解。因此，老师给她提供了一本集会手册，让她弄明白集会的流程以及什么时候结束（见图 7.19）。

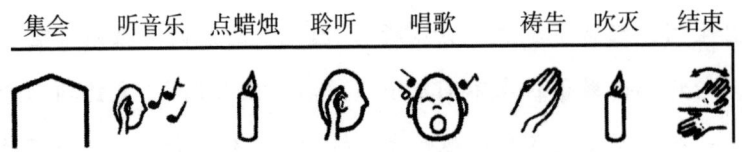

图 7.19　视觉提示：集会手册（每页一个图标）

老师为蕾拉提供了个人专用的集会手册复印本，用装订绳系牢，这样便于根据不同的集会而调整活动顺序。全校学生使用的是一个超大版本的手册，这样其他学生也能从视觉顺序中获益。集会的主持人会根据计划决定手册顺序，并在每次集会活动前挑选一名学生适时地翻页（蕾拉很喜欢这个工作）。现在视觉提示已经拓展为使用图片和符号信息更好地帮助学生理解集会的内容。

监控行为和遵守规则

符号也可用在不同课堂和情境中,用以通过视觉提醒蕾拉表现恰当的行为。例如,提醒蕾拉(及其他学生)不要大声喊叫或打断别人,"举手"标志会在恰当时间出现在课堂白板上用作视觉提示(见图 7.20)。

图 7.20 视觉提示:提示要举手而不是大声喊叫

老师发现符号是蕾拉更愿意回应的有效提示,降低了持续言语提示的需要,而持续的言语会很快地变成"唠叨"。这个策略也很容易适应其他学生的个别需求,例如,举起一根上面放有手形图的棍子。类似的符号可用于提醒学生他们该如何表现以及该做什么(见图 7.21)。

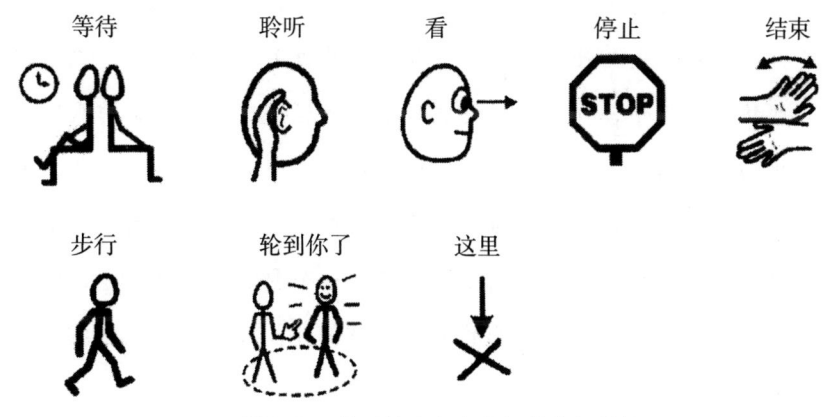

图 7.21 提醒恰当行为的视觉符号举例

符号线索能以可视化的方式提示学生学习课堂中的重要概念,并在他们分心时有效地提示他们要做什么。辅助老师会为每个学生提供个别化的符号，以提示他们表现出所期望的行为。符号线索可以用于课堂、游戏时间、午餐时间、集会等不同场合。

对于一些学生，他们需要个别化的视觉信息，可混合使用符号和文字等形式，构建视觉信息。根据学生阅读和理解能力的不同，他们也需要不同水平的符号。下面的案例研究说明了如何运用符号和文字提示让一组学生完成一项职业任务。

案例研究

支持职业合作任务的视觉指令

库帕特、迪帕克、艾哈迈德和桑杰都是十八九岁的小伙子，就读于印度一所专门招收孤独症谱系学生的特殊学校。他们每天都去上学并且参与学校中的各种活动，其中也包括职业培训。职业课程是优先设置的，目的是为他们参与当地社区与工作相关的活动做好准备。

这些学生在独立的工作任务中都掌握了许多技能，现在他们要将这些技能应用于合作任务。物理环境的布置、日程表和工作系统都是结构化的重要组成部分，能够为学生提供：一个有效的学习环境，关于一日活动顺序和工作搭档是谁等有意义的信息，一个作为团队成员合作的有组织的工作系统。结构化教学的最后一个要素是视觉信息，依靠视觉信息，学生们可以理解自己的部分工作任务，可以遵照视觉指令，并鼓励他们之间彼此沟通。

如图 7.22 所示，在学生面前的屏幕上，张贴着一列由符号和文字组成的简单指令。

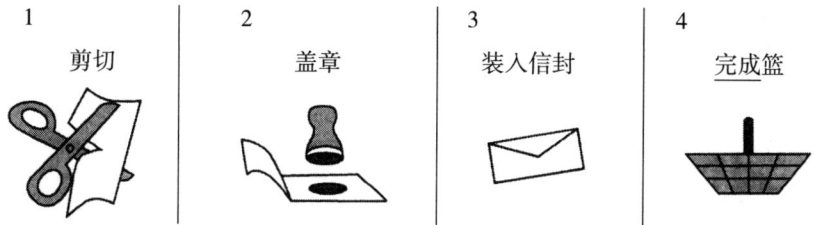

图 7.22　张贴在一个低矮屏幕上的小组职业工作的指令（参见图 6.7）

每个学生都能遵循视觉提示和视觉指令，成功地完成他们各自的任务：

1. 库帕特的工作是从工作篮里拿出一张纸，上面有多份信笺内容，具体份数取决于信笺内容的长度，一般每张纸包含 3 或 4 份信笺副本。库帕特的精细动作技能良好，可以使用剪刀沿着直线剪切；在他要剪切的地方显示一条虚线，在开始剪的地方也有一个"剪刀"的标记。
2. 迪帕克要在每个信笺的方框轮廓内盖上印章（见图 7.23）。
3. 艾哈迈德根据视觉模板显示的方式打开信封并放入信笺。
4. 桑杰在助教的帮助下，把邮件送到学校的不同部门。

需要重点注意的是，在设立这个小组合作活动时，学生们首先需要单独学习各自的任务。每个学生都需要在一对一教学中学习使用针对他的视觉提示和指令，然后在每天独立的个人工作中进行练习。一旦每个学生都能独立掌握各自的任务，就可以开展小组工作的活动，学生的课桌也可以逐步靠近，直到彼此相邻。小组工作的活动一旦展开，开始时每个学生都只会顾及自己的任务部分，但随着他们对彼此相邻而坐感到越来越自在，他们就会开始注意彼此，也会注意每个同学正在完成的任务。为了创设小组合作的活动，需要考虑结构化教学的每个组成要素；除此之外，也需要引入其他一些策略帮助学生进行合作性的工作（参见第九章中综合使用其他策略对这个案例的全面讨论）。

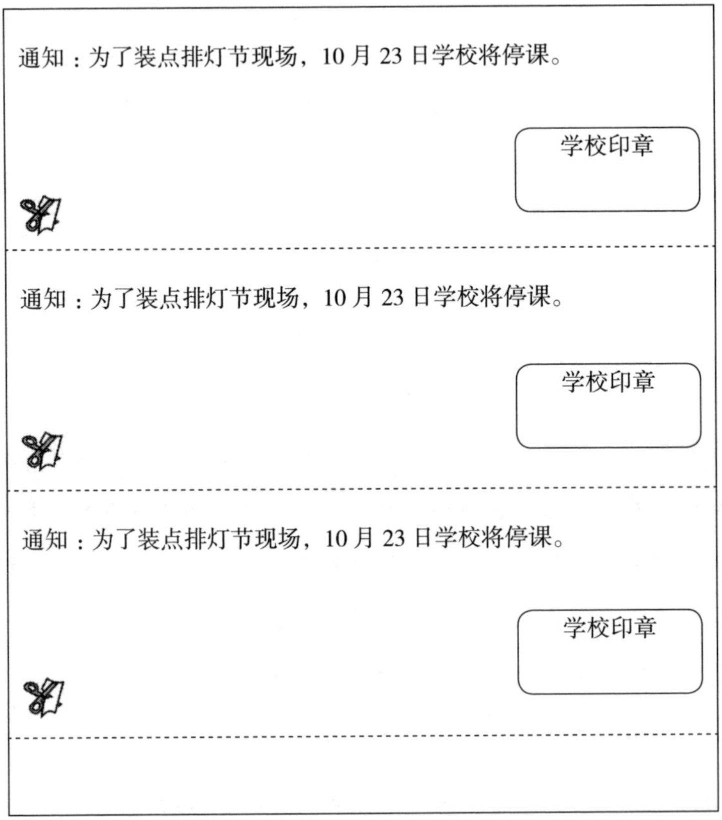

```
┌─────────────────────────────────────────────────┐
│  通知：为了装点排灯节现场，10月23日学校将停课。      │
│                                                 │
│                            ┌──────────┐         │
│                            │  学校印章  │         │
│   ✂                        └──────────┘         │
│- - - - - - - - - - - - - - - - - - - - - - - - -│
│  通知：为了装点排灯节现场，10月23日学校将停课。      │
│                                                 │
│                            ┌──────────┐         │
│                            │  学校印章  │         │
│   ✂                        └──────────┘         │
│- - - - - - - - - - - - - - - - - - - - - - - - -│
│  通知：为了装点排灯节现场，10月23日学校将停课。      │
│                                                 │
│                            ┌──────────┐         │
│                            │  学校印章  │         │
│   ✂                        └──────────┘         │
└─────────────────────────────────────────────────┘
```

图 7.23　视觉明晰：说明在哪里"剪切"，在哪里"盖章"

视觉指令有多种形式呈现给学生，科技发展所产生的很多应用程序可以得到有效利用，并吸引学生的参与。下面的例子说明了如何通过使用能激发学生兴趣的平板电脑呈现视觉指令，激励学生参与他不太喜欢的活动。

案例研究

在平板电脑上呈现视觉指令

艾米丽，15岁，在北卡罗来纳州一所非营利的私立学习中心上学。该中心设有小学部和中学部。中心能够满足那些需要结构化与一致性的学习环境、需要正强化开展多种运动以减轻儿童的紧张压力。该中心采取多感官的学习方式进行具有补救性和挑战性的教学。艾米丽能独立使用她的结构化系统,并可以通过结构化系统专注于课程和活动。

第四、五、六章说明了结构化的物理环境、日程表和便携式工作系统在支持艾米丽参与食品工艺课上的重要作用,尤其是在她不喜欢的食物准备的课程上。虽然艾米丽不易受环境因素的影响,但她的各种"担忧"常常会导致她分心。在容易诱发她担忧的课堂,例如,处理水果的食品工艺课,就需要帮她保持注意力专注并参与课堂。因此,视觉信息成为艾米丽重要的结构化元素,通过帮助她专注于课堂而非担忧,从而支持她参与课程学习。

科技产品能很好地激发艾米丽的兴趣。艾米丽喜欢上网,也喜欢玩电脑游戏,利用她对于科技产品使用的兴趣和爱好,可以支持她参与她不太喜欢的食品工艺课的活动。为此,可以在平板电脑上呈现"制作冰沙"的图画/文字指令。

在展示页面上呈现一张用图画/文字构成的配料表,展示程序带有动画效果。每当艾米丽取一样配料时,她可以触屏点击配料表上的文字,那行文字上就会出现一条直线画掉这种配料。

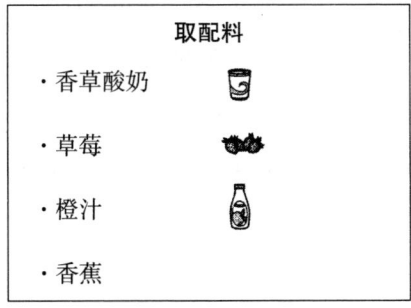 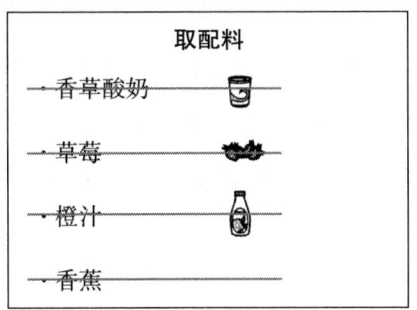

图 7.24　在平板电脑上呈现配料表,鼓励艾米丽参与

所有配料一经准备完毕,在页面上就会出现一步或两步食谱制作的指令。当艾米丽完成一个步骤时,她触摸屏幕上的文字,该步骤就被划掉,再触摸一下屏幕就会跳转到下一步指令的页面。图7.24展示的是程序的一个页面,图7.25展示的是整套程序指令。艾米丽每次浏览一个页面,完成后触摸每一步的指令,这步指令就会被一条直线划掉。

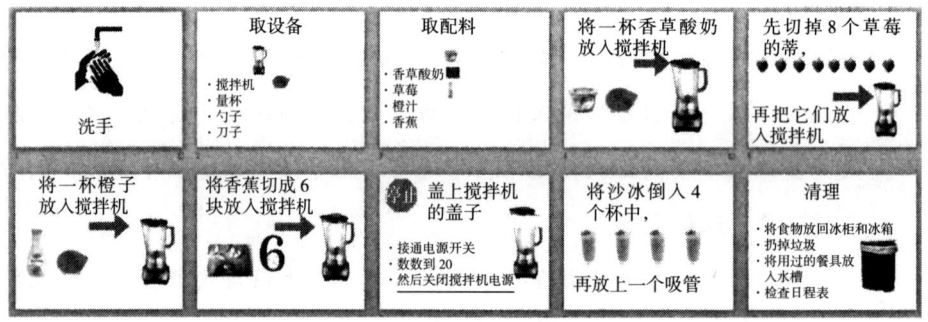

图7.25 视觉指令序列的屏幕界面

除了使用平板电脑上的程序,其他视觉提示也能为艾米丽提供有意义的信息,并增加她的独立性,如:量杯上的彩色条用以显示注入多少量;支持配料计数的视觉提示,如8个草莓图标;搅拌器上有"不许舔食"的图标等。

使用平板电脑增加了艾米丽的参与度和独立性,并且也说明了如何利用兴趣激发她的动机,使她可以参与因不喜欢某些食物而拒绝参与的课程。视觉指令和提示能有效地帮助学生参与广域课程,尤其是在学生的结构化系统中融入他的兴趣和优势,就更能吸引学生的参与。

使用符号也可以提高那些能阅读书面指令的学生的理解力,下面的案例研究说明的是如何通过使用符号提高大卫的理解力，使他能够参与多个学科课程的学习。

案例研究

使用符号/文字指令参与学科课程

大卫，11岁，在一所专门招收ASD学生的学校上学，正在一个成人的辅助下准备到中学学习。大卫能独立遵照符号/文字日程表，随身携带一份便携式日程表进入中学学校（第五章）。视觉指令能帮助大卫独立完成工作，提高他对于课程的理解能力，增强独立照顾自己的能力。大卫能遵照简单的文字指令，指令中加入的符号能补充和增进他对任务的理解，并鼓励他进行探究和问题解决。

科学课

在物理课上，大卫的班级已经学过电学的有关知识，他也加入了学习连接简单电路的某些支持性活动。大卫现在能够遵照带有符号的文字指令独立连接电路（见图7.26）。电路惯用的符号被放在大卫熟悉的符号旁边。同样指令可用来鼓励他探究：当电路中的元件被换掉时会发生什么，是使灯泡变亮还是变暗，或者在电路中引入蜂鸣器或者马达。有些指令可用"?"或者选择代替，通过提供如选择或者设置问题等关键性的视觉信息，鼓励大卫解决问题，探究"如果……会发生什么？"

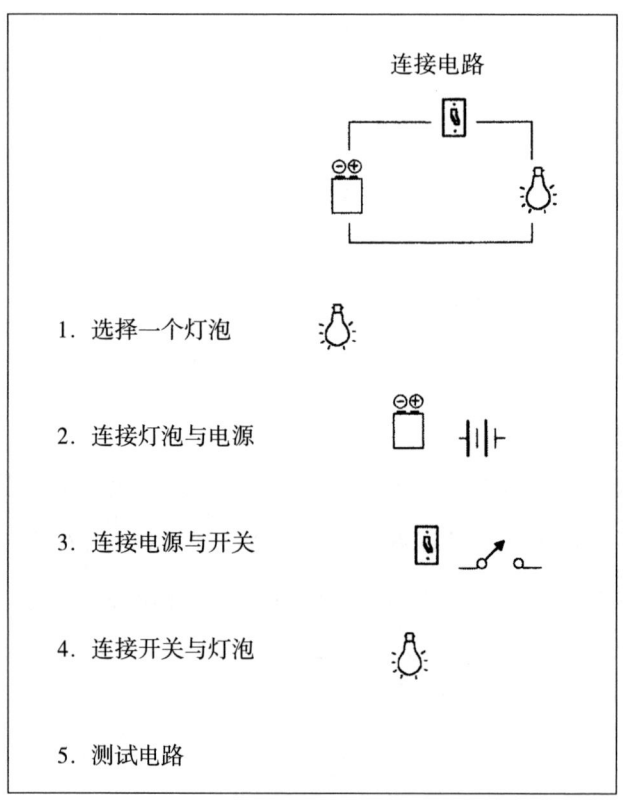

图 7.26 视觉指令：科学课

独立任务：数学课

大卫在数学方面有突出优势，可以融入主流班级学习。尽管如此，他仍然可以从视觉信息中获益。视觉信息可使重点突出、清晰，并吸引他的注意。例如，在一节讲解比例的课上，让学生们按 1∶2 的比例完成缺失数字的填空。大卫工作表上的视觉信息可确保他专注于重要的概念。老师还利用大卫对快餐食物的兴趣以及"买一赠一"的优惠增强他的动机（见图 7.27）。要点和大卫作答的位置都被清晰地突显出来，并有视觉指令提示他要进行哪种运算，另外还有一个举手的视觉提示，提醒他在需要帮助的时候可以举手。

比例 1 : 2

每买 1 个汉堡，就能免费获得 2 杯饮料

按 1 : 2 的比例填写完成下表

汉堡	饮料	总数 （汉堡和饮料）
1	2	3
2	?	6
5	10	?
20	?	?
60	?	?
?	160	?
?	?	300

操作
- ×（乘法）汉堡的数量乘以□得到饮料的数量
- ÷（除法）饮料的数量除以□得到汉堡的数量
- ÷（除法）总数除以□得到汉堡的数量

 如果你需要帮助请举手

图 7.27　明晰和突出工作表上的视觉信息：算术课

宗教教育

大卫的老师遵照学习困难学生的教学指南，调整了宗教课教学的工作模式。在以基督教庆祝复活节为主题的课程中，大卫的班级参观了当地一所教堂，寻找与复活节故事有关的艺术品和图片。老师为大卫和他的同伴提供了一些照片，帮助他们集中注意教堂中的相关物品。如果没有这些视觉信息的辅助，大卫可能受环境影响而分心，也会忘记他要寻

找什么。

此外，老师还给大卫和其他学生提供了一个符号/文字式的词典，帮助他们理解与主题相关的关键词汇（见图7.28）。这本词典可供学生在很多课程上参照，吸引他们注意故事中的关键概念。尽管大卫仍然难以理解宗教课的相关概念，但这个例子可以说明视觉信息如何尽可能地帮助大卫增加对概念的理解能力。

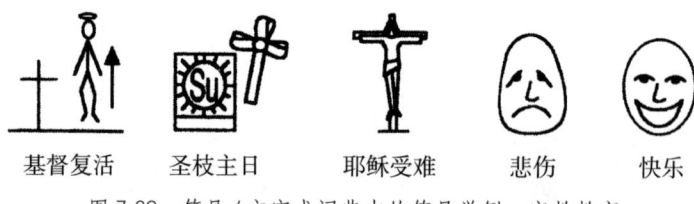

基督复活　　圣枝主日　　耶稣受难　　悲伤　　快乐

图 7.28　符号/文字式词典中的符号举例：宗教教育

个人、社会性和健康教育

尽管大卫在某些课程领域具有学业能力，但也会经常受困于每天的自理任务。因此，在个人、社会性和健康教育（PSHE）领域，他有一项与个人卫生有关的个别化目标。老师鼓励大卫遵循符号/文字指令完成常规的自理任务，因为老师们发现大卫会在身体没有擦干前就去穿衣服，并且穿衣顺序也会出错，这使他极度沮丧。大卫也需要学习恰当地使用止汗剂除味。为此，老师为大卫制定了一项学习遵循视觉指令的半学期目标，目的是让大卫在游泳后能够遵循正确的顺序，擦干身体、穿衣并喷止汗剂。引入的符号/文字指令按照从上到下的顺序排列（见图7.29），有些文字不需要符号标注，是因为大卫可以独立完成这一步。使用止汗剂除味的标志比其他标志要大一些，是因为对于大卫来说这是一个新增的步骤。指令写在一个塑封卡片上，这样便于大卫把它放在他的游泳包里。他要学习遵循这些指令，并能在周末和父母出去游泳时使用这些指令。大卫或许很快能学会擦干身体、穿衣服等自理常规,在未来不再需要这些指令的支持;而有些学生仍需要持续使用此类指令,以达到保持个人独立的目的。

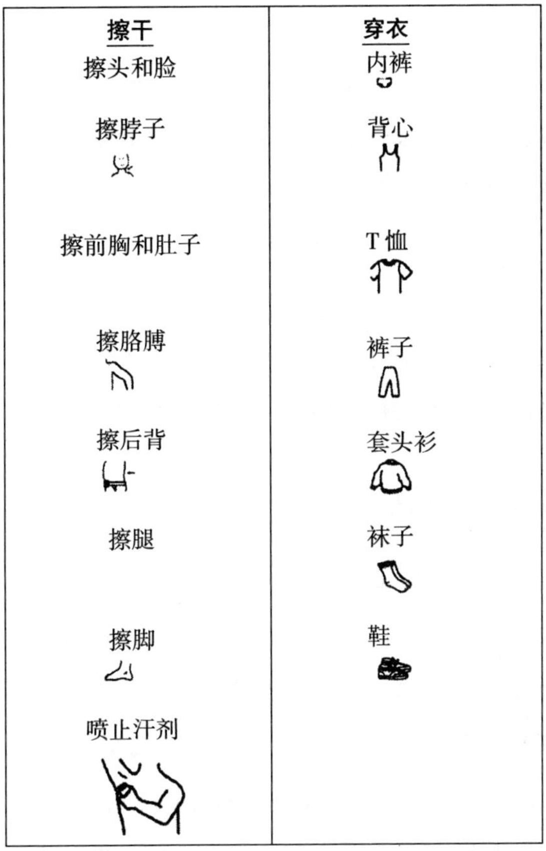

擦干	穿衣
擦头和脸	内裤
擦脖子	背心
擦前胸和肚子	T恤
擦胳膊	裤子
擦后背	套头衫
擦腿	袜子
擦脚	鞋
喷止汗剂	

图 7.29　符号/文字视觉指令:个人、社会性和健康教育——个人卫生

有些 ASD 学生有能力处理文字和较为复杂的指令。这些学生虽然能很好地回应口语指令,但这可能会导致他们过于依赖大人提供言语提示。书面文字信息能减少这种依赖,并增强学生的自主性。书面文字指导对于 ASD 学生也更具有意义,使他们学习和理解的效果更好。

案例研究

文字指令

萨拉，9岁，被诊断有ASD，就读于当地的一所小学，在部分课上有一位学习辅助教师给予支持。萨拉有良好的语言表达能力，尽管这会掩盖她在语言理解上的障碍。她的组织和排序能力薄弱，无法回忆语言指令的顺序。萨拉的阅读能力很强，这个优势在给她提供视觉信息时显得非常有用，她可以遵照文字信息，必要时偶尔带有一些符号突出或加深意义的理解。下面的例子说明了如何运用文字信息帮助萨拉独立地工作，增强她在课堂中的理解能力并提示她有关的社会规则。

识字和信息通信技术课

在第六章，萨拉的工作系统展示了她如何在识字课及信息通信技术上与同伴们有条不紊地合作。萨拉的班级要为校内新闻准备一篇关于近期运动会的报告。我们使用了"拼图"法将任务分给不同的小组（参见第九章中拼图设计与结构化教学法联合使用的例子），萨拉所在的小组负责挑选和编辑照片，拟定恰当的标题并向全班报告。老师准备了文字指令，提示萨拉怎样使用信息技术软件挑选和编辑照片，并配加文字标题（见图7.30）。

其他学生也能利用这些指令，这些指令可以保留在类似的指令库中，供学生们在应用各种信息技术软件时使用。这些指令卡片被塑封，以便萨拉在完成指令时可以使用记号笔划掉此项指令。要注意的是：萨拉对于保存工作很熟悉，不需要告诉她在哪里保存文件或者给文件命名，这些指令可以为有需要的学生添加。这个例子说明的是文字指令如何帮助萨拉发展思维技能，例如，需要学生寻找和收集相关信息的信息处理技能。

> **挑选和插入照片**
> **配加文字说明**
>
> 1 打开 Word 文字编辑程序
> 2 选择新建页面
> 3 点击插入
> 4 点击图片
> 5 点击来自文件
> 6 点击 C 盘
> 7 点击运动会日文件夹
> 8 选择你要查看的文件，双击文件名
> 9 点击文本框
> 10 绘制文本框
> 11 为照片配加文字说明
>
> 重复第 3–11 步，插入更多照片
>
> 12 保存你的工作并打印

图 7.30　文字指令：信息通信技术课（ICT）

集体教学中的视觉信息

在识字课的集体教学导入时段，老师通常会给萨拉提前准备一张文字词表，帮助她将注意力集中在课程的重要方面。例如，在句子学习的任务中，萨拉的班级要找出以"ly"为后缀的副词，老师曾在一节课上向全班展示了分辨副词的一些例子。萨拉的任课老师和辅助老师在对这节课进行讨论之后，由辅助老师为萨拉准备词汇表供她在班级讨论中参考（见图 7.31）。

```
                        带后缀"ly"的副词

      （速度）                                    （心情）
    敏捷地（swiftly）                          欢喜地（happily）
    急速地（rapidly）                          高兴地（gladly）
    迅速地（quickly）                          愉悦地（joyfully）
    快速地（speedily）                         难过地（sadly）
    匆忙地（hurriedly）         （光线）        悲伤地（sorrowfully）
    缓慢地（slowly）         明亮地（brightly）  悲惨地（miserably）
    慢吞吞地（sluggishly）   辉煌地（brilliantly）愤怒地（angrily）
    _____                 昏暗地（dimly）    恐惧地（fearfully）
    _____                 黑暗地（darkly）   _____
                            _____           _____
                            _____
```

图7.31 文字词汇表：识字课

提前准备的词汇表能让萨拉在课堂讨论中保持注意力，如果她分心了，辅助老师会提醒她使用词汇表，重新拉回她的注意力。信息的重要部分都突出显示，以吸引萨拉的注意力。例如，后缀"ly"用横线突出，还有表示"心情"的符号用来加强萨拉对词汇意思的理解，词汇表中还留有空白处，是为了让萨拉添加同伴在课堂上提到的其他词汇。

最后，萨拉的老师和辅助老师经常会把荧光笔放在他们的口袋里，以便在工作表单上做标记，快速吸引萨拉注意重要和相关的信息。例如，工作表上"小"这个字可能很重要，但是可能会被萨拉漏掉；突出标记诸如"或""和"之类的文字，帮助萨拉把注意力吸引到文字上，然后再顺利地遵照指令。当老师选择一名学生向全班同学大声朗读，进行分享阅读时，突出显示的视觉策略也被证实对萨拉非常有效。萨拉会因为不确定自己是否会被老师选中，或被选中后该读哪段课文而感到焦虑，结果是,她会重复提问而干扰别人朗读,也不能听别人朗读,有时她会感到很痛苦,不得不离开课堂。现在,如果萨拉被选中朗读的话,她的老师会为她标记出需要朗读的课文部分。通过这种方式,萨拉可以提前知道她是否要大声朗读,也可以知道朗读课文的哪一部分。这种策略向萨拉阐明了活动的要求,从而减少了她的焦虑,并使她能够参与分享式的阅读活动。

历史课

能阅读文字指令的学生可能同时也需要额外的符号增进他们对含义的理解。焦虑可能会导致学生在阅读和理解方面变得"失能",在某些情况下,增添符号可能会解决此类问题。有ASD的学生经常在理解某些概念上存在困难,例如,在理解过去以及历史概念上尤为困难。萨拉发现她很难区分过去和现在所发生的事情,而且某些历史主题也会令她很焦虑。例如,当班级学习有关第二次世界大战的历史时,萨拉会出现强迫观念,害怕自己被疏散并与别的家庭一起生活。在利用相关学习项目规划历史课的工作模式的同时,萨拉的老师也会利用学习困难,学生的教学指南重点突出"岁月的流逝"。萨拉的老师与全班同学建立了一个文字版事件年表,显示近期发生的事情,然后是渐远的过去发生的事件,帮助萨拉和同伴建立时间的流逝感(见图7.23)。

事件年表悬挂在教室的天花板上,当学习了新的历史事件后,同学们就会把它钉在年表的恰当位置上。萨拉有一个自己的事件年表,这样她可以每天更新内容。过去和现在的区分采取突出和明晰策略,用"已结束"强调过去的事情。尽管萨拉在历史课上仍需要大人的辅助,但她对区分过去和现在已经不再那么焦虑和困惑,而区分过去和现在是理解历史的重要的一步。

1939–1944	1945	1952	1969	2000	2001 去年	上个月	上周	昨天	今天
第二次世界大战	欧洲胜利日（欧洲的胜利）	伊丽莎白二世加冕	人类登上月球	千禧年	电影《哈利·波特》上映	女王登基50周年大典	运动会日	学校聚会	学期结束放暑假

← 历史　　　　　　　　过去　　　　　　　　已结束

此时此刻

目前

图 7.32　视觉事件年表：历史课

科学课

在很多学科领域，萨拉都借助文字指令得到帮助。这些指令不仅可以明确任务含义，而且还能强调课程中可能具有挑战性的特定方面，例如"调查"环节。

在有关磁性的科学课上，萨拉遵照的是书面文字指令，书面指令可以对老师的口语指令加以补充。科学探究和调查是科学课的重要环节，也是对萨拉具有挑战性的任务。

萨拉的书面指令除了文字也有符号加入，以提示萨拉在调查、记录、交流发现结果等环节上都需要做些什么（见图 7.33）。

这些符号可为萨拉突出强调重要的信息，尤其是突出"调查"符号，同时将萨拉需要做的事情也纳入文字指令的提示当中。类似的策略可以用来鼓励学生们预测和研究。

视觉指令可以提醒学生完成任务的执行步骤，以便他们记录他们所做的事情。在下面的例子中，视觉指令还能帮助学生了解自己执行指令的顺序和进程。

 1. 选择（4）	纸　木头　石头　金属　？　？
 2. 调查	哪种材料具有磁性？
 3. 记录	在有磁性的材料旁边打钩 在没有磁性的材料旁边打叉
 4. 讨论	在小组中分享你的发现

图 7.33　鼓励进行调查的视觉指令

设计和工艺课：食品工艺

在系列食品工艺课上，萨拉的班级设计了一系列可促进健康饮食同时也很受小孩子欢迎的菜单。项目最后，他们要与早教班的孩子们一起尝试制作他们的菜单，使活动达到高潮而圆满结束。因此，这个项目涉及开发、计划、观点讨论，使用工具、设备、材料，产品评价等很多目标。萨拉所在的小组决定用不同种类的水果设计制作一道甜点。另有书面指令可以帮助萨拉和她的一个同伴完成他们的"交通灯宴"。萨拉遵照的是从上到下排序的书面"食谱"指令，并使用笑脸来监测完成步骤顺序的进度（见图7.34）。

交通灯宴	
你需要1个猕猴桃、1个无核小蜜橘、3颗草莓和一些酸奶。	☺
1. 将猕猴桃去皮，切成薄片并且放入玻璃杯底部。	☺
2. 将无核小蜜橘去皮并且将橘瓣放在猕猴桃上面。	☺ ←
3. 摘掉草莓蒂，清洗干净并且对半切开；放在无核小蜜橘的上面。	
4. 在上面淋上酸奶。	
5. 在上面放1颗草莓、2瓣橘子和1片猕猴桃，让它们看起来像一个交通灯。	

图7.34 书面指令：食品工艺课

萨拉每完成一个步骤，就揭开右边对应的卡片，露出一个笑脸标志。活动结束后，可以把指令板擦拭干净，再重复使用。

萨拉也使用带有图片的书面指令，为早教班的孩子设置一个类似的制作他们自己的甜品活动。她还决定在指令说明中要加入一个"？"，以鼓励孩子们自己挑选一种水果。这表明她自己在做选择和简单决策上的意识正在得到发展。

其他课程方面

萨拉的老师使用的书面提示卡与蕾拉的符号提示相类似。比如，萨拉不知道当老师面向全班同学讲话时，也是在讲给她。因此，在全班集体教学时，萨拉的老师会在她的课桌上放一张书面提示卡片（见图7.35）以提醒她要听讲。

当老师面向全班同学讲话时，萨拉也要聆听——她也是在对你讲话。

图 7.35 书面提示：集体课时要注意听讲

最初，由辅导老师为萨拉提供她的个人提示卡。不过老师发现，在全班同学面前展示提示卡，也可以提醒班上其他同学注意听讲！

书面的社交规则

萨拉的老师也利用书面的社交规则提示，提醒她在与同伴交往时应表现的恰当行为。在她的日程表上，写有文字的社交规则，用以提醒她在与同伴讲话时要用恰当的音量，而不是大声喊叫（见图 7.36）。

记住
用 5 号音量跟小组的其他同学讲话
（1= 静音   5= 讲话   10= 喊叫）

图 7.36 书面的社交规则提示

将社交规则写入萨拉的日程表，那样就有很多机会不断提醒她。在她大声讲话时，大人和同伴都可减少对她的"口头唠叨"，让她读日程表上的规则。诸如此类的文字指示是帮助 ASD 学生发展贯穿于所有课程中的社交技能的重要策略（第九章联合使用视觉指令和社交脚本中有更详细的举例）。

像萨拉那样，有些 ASD 学生能够通过阅读书面指令参与学习课程的不同方面。对于一些学生，书面文字信息在帮助他们强化理解、减少焦虑、增强组织技能、改善与他人的沟通等方面都至关重要。有些学生虽然也能自如地阅读文字指令，但需要进一步的视觉信息明晰重要的概念和信息，使他们将注意力集中在相关的信息上。下面的案例研究说明的是视觉明晰如何成为有效的区分策略。

案例研究

用以明确和强调的视觉提示和视觉信息

索菲，10岁，在丹麦一个小镇的主流学校上学。她所在的班级有21名学生，每周还要接受五小时的额外支持服务。索菲的所有科目都能达到期望成绩。借助于文字工作系统和文字指令，索菲可以独立地跟随和组织不同课程；对于像索菲这样可以独立阅读的学生，书面指令是可用于所有课程科目的宝贵工具。不过，流畅的阅读能力有时也会误导我们认为学生理解了文本中的大部分要点，例如，在工作清单或工作手册中的信息。这种情况也发生在索菲身上，尽管她能流利阅读，但可能关注的是文本中不恰当的细节，或者因过多的细节而造成视觉上的信息超载。提供视觉明晰很有必要，但有时我们会忽视给多数有学业能力的学生提供这种策略，因为我们会假定：他们能够阅读，所以他们应该知道和明白把注意力放在哪里。在这种情况下，需要注意的是：不仅要考虑学生对于书面指导的需求，而且还要考虑如何从视觉上为学生明确他们需要关注的细节以及活动中的关键概念。

尽管索菲可以独立、流畅地进行阅读，但有时她也难以知晓要把注意力集中在哪里，尤其是当工作表上呈现出太多任务的时候。因此，在为索菲准备工作材料时，需要考虑一些简化的策略。事实上，这些策略也能帮助班级中的其他学生。这些策略用于突出和明确重要信息，把索菲的注意力吸引到重要信息上，并使她忽略无关的细节。例如，班级老师或支持辅助老师可能会在工作表上用数字编码任务以明确工作表中的任务顺序；突出关键字词、短语、问题和指令，从视觉上让索菲明确她应该注意在什么地方。图 6.12 说明了在识字课上如何达到这些目的。有关祈使动词定义的提示用斜体加粗的字体形式呈现，以引起索菲对重要信息的注意；同时"聊天对话框"会把她的注意力吸引到她需要采取的重要行动上。

提供诸如此类的视觉策略并不需要耗费太多时间，尤其是当老师或支持人员对学生的需求和视觉优势非常明确和熟悉的时候。这些策略能让像索菲这样的学生集中注意重要信息，从而展示他们的知识与理解能力。

最后一个案例研究展示的是如何使用视觉指令提升那些有学业能力、可以自主学习的学生更好地参与课程学习。

案例研究

书面指令的进一步应用

亚当，15 岁，有阿斯伯格综合征，就读于一所主流中学，正在准备参加重要的考试。亚当使用一个学生助手管理器，里面含有文字日程表和他的工作系统（参见第五章）；他也在学习如何通过平板电脑利用学校的虚拟学习系统。学习支持中心的主管教师发现，亚当明显地受益于视觉提示和与各领域相关的文字信息的帮助。由于亚当通常能够理解和学习大多数的课程，因此，这些视觉提示和文字信息很少与课程内容关联。视觉信息有时用于帮助亚当学习对他可能感到困难的课程内容，但更多是为他提供有关期望他做什么和怎样做的信息，以此来减少他的焦虑。

课程准备

亚当要定期地到学习支持中心,那里有一个 ASD 学生小组和一个特教老师。特教老师负责教这些学生一些课程,并从亚当的任课老师那里提前获得教学计划,以便她可以检查亚当在学习某些课程前是否需要做任何准备性的工作。这种预备教学可能与课程内容有关,也可能是为亚当准备特定的教学方法。下面的例子说明的是如何提供视觉信息帮助亚当学习地理课。

地理课

在主题为"自然地理中的问题"的课程中,包括学习以阿斯旺水坝为例的多功能河流建设方案。亚当的班级要找到三个问题的相关信息,并为下节课准备一个简要的口头展示。特教老师先使用一些关键定义介绍课程,然后给所有学生发信封,信封里面包含了与三个问题(关于尼罗河洪水和大坝)有关的信息。亚当先和搭档找到与其中一个问题相关的信息,然后和另外一组搭档合作,共同解释和讨论他们所找到的东西。辅助老师感觉亚当需要一些视觉信息,以帮助他实现从文本、卡通画和图表中提取和总结信息,以及在成对和小组活动中合作的学习目标。视觉信息用来突出听课的要点,带有文字定义的关键词汇也要提前讨论学习。老师也要与亚当提前讨论主要的教与学过程,为的是让亚当做好准备与他人合作,提醒他在与别人合作时要遵守的规则(见图 7.37)。亚当把这份视觉信息放在文件夹的地理课夹层,供他在上地理课时参考。另外,他也可以利用学校的虚拟学习系统获得这种视觉信息的帮助。

亚当能够完成课程目标,也能成功地与一个同伴合作。作为小组成员与他人合作时，亚当仍然需要大人的一些帮助。在这个案例中，视觉信息对于支持辅助的教师也起到了提示作用，这位教师接下来会为亚当提供一致的反馈与支持。

地理课　周五　上午 8:45

阿斯旺水坝

- 听老师解释"多功能河流方案"——把它写下来。
- 将黑板上的 3 个问题写下来。
- 与简合作一起看卡片上的信息，检查你们的问题是哪个（1 或 2 个问题）。
- 在卡片上突出显示与问题相关的信息。
- 概括信息要点。
- 加入蒂姆和乔恩小组。向他们解释你们问题的要点。听蒂姆和乔恩解释他们的要点。
- 听老师面向全班的指导。写下这些指导。
- 与简、蒂姆和乔恩一起准备一个关于"水坝所引发的问题"展示汇报。使用你卡片上的信息找出要点。展示汇报时长 5 分钟。记住要听简、蒂姆和乔恩的汇报，并轮流发言。

图 7.37　文字指令：为地理课所做的准备

家庭作业

亚当使用类似的文字指令保证他理解家庭作业的要求，按时完成家庭作业并交给合适的老师。为了明确完成家庭作业的重要性，支持辅助老师用一张图表显示了在备考学习阶段，按照课堂学习的比例，家庭作业需要花费多少时间（见图 7.38）。

减少焦虑

亚当刚进入中学的时候，大多数时间都待在学习支持基地。他的老师利用视觉信息帮助他开始进入学校大楼的教室。最先要克服的一个挑战就是亚当对进入教室有强烈的恐惧。亚当的老师发现如果有某种视觉上可关注的东西,那么亚当就可以进入教室而不那么焦虑。因此,在教室前面他课桌旁边的地板上,可以粘贴一个蓝色的小圆点(见图4.6),让他在教室门口就能看到那个圆点。老师教导亚当锁定注意那个圆点,并与支持辅助老师演练进入教室,这种方法让亚当走进教室变得更加容易。此外,可以允许他在过度焦虑时离开课堂并返回到学习支持基地。在他的学生助手管理器首页以及铅笔盒上都有文字提示和一条数字线,帮助他监控他的焦虑水平(见图7.39)。书面指令能减少亚当的焦虑,因为它在亚当变得有压力的时候提醒他可以做什么,并且如何礼貌地去做。这个策略和所有的任课老师都沟通过以保证方法的持续性,大多数老师都很乐意把这个策略作为一种选择,因为亚当会大喊大叫从而妨碍课堂。

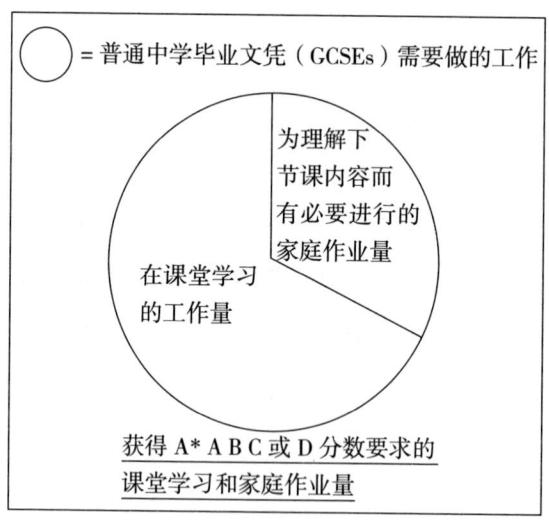

图 7.38　视觉信息:家庭作业要求

> 如果我感到焦虑，我可以举手，并告诉老师"我需要离开"。这样做很好，我可以去学习支持基地找人说说话，或者坐下把我的忧虑写出来。
>
> 1　　　　　　　5　　　　　　　10
> 放松的　　　有点焦虑　　　非常焦虑
> 　　　　　　　　　　　　"我需要离开"

图 7.39　文字提醒：减少焦虑

地理课和公民教育课会给亚当带来进一步的焦虑，尤其是在要求他定期观看有关"可持续发展和经济问题"的世界新闻的时候。在此之前，由于亚当对无法控制的世界时事会感到过度忧虑和难过，学校曾阻止他看新闻。辅助老师逐步引导亚当先看儿童新闻节目，之后再看主流媒体新闻；教他写下他感兴趣的新闻要点，以及因为某个新闻事件而引发的任何担忧。进一步的策略涉及完成一份确认亚当主要焦虑的表格，谁负责处理这个问题，以及亚当和他的家人或朋友对这个新闻事件会做何反应。例如，当亚当看到埃塞俄比亚贫穷和饥荒的新闻事件时，会变得忧虑。文字视觉策略可以帮他思考这个问题，找出可能的解决办法和回应方式（见图 7.40）。

新闻文件	引起我担忧的问题	谁负责援助以及他们能做些什么	我可以做什么
·由于干旱和庄稼歉收导致埃塞俄尔比亚出现饥荒——晚间新闻	·人们处于饥荒中并且可能死于饥饿 ·假如作物再减产会怎么样	·埃塞俄比亚和非洲的政客们可能会组织接受来自其他国家的食物捐赠 ·其他国家和慈善团体可能会组织赠送种子、设备，派遣顾问去帮助非洲人民重新种植作物	·捐助帮助难民的慈善团体 ·慈善商店会售出我捐献的物品，慈善团体会利用这笔钱向非洲捐出食物、种子、机器或外派专业顾问

图 7.40　用于减少焦虑的书面文字信息：地理课和公民教育课

文字的要点信息既能帮助亚当表达他的担忧，也能帮助他找到应对担忧的策略。他已经学会了填充表格，可以遵循从左到右的竖列，依次填写要点信息。亚当的辅导老师和家人会与他进行讨论任何空格的地方，并帮助亚当填写完表格。

文字指导也用于帮助亚当应对不熟悉的事情。例如，邀请亚当参加"六年级展示之夜"，目的是帮助他决定在高年级的时候他想学习哪些科目。亚当学会了利用邮件向他的辅助老师表达自己的担忧和焦虑，辅助老师也会以邮件方式回复他，因为亚当发现书面的文字反馈更富有意义，对他更有帮助。亚当给老师发邮件，用要点列出了对有关展示之夜的各种担忧，这些担忧包括：穿什么，什么时候到达，谁会在那里，会发生什么以及什么时候离开合适。亚当的老师会给他回复邮件，并给他提供一个计划（见图7.41）。在学校的虚拟学习平台上同样也可以看到这些信息。

诸如此类的书面文字对亚当应对新发事件和活动极有帮助。重点内容可以通过画下划线、加颜色、加粗等形式突出和明晰。尽管亚当的学业表现良好，但仍然需要视觉信息确保他可以利用所有的学习机会。如果没有文字指示的帮助，亚当不大可能参加这种展示之夜的活动。

· 做一些放松的事情（比如：看视频，听音乐）。
· 吃晚餐。
· 换上合适的**休闲装**。
· 确保在走之前带上职业手册，在7:15准时到达学校礼堂。
· 坐在礼堂，使用"压力球"。
· （泰勒老师的）演讲将在7:30开始，会持续**大约30分钟**。
· 参观我感兴趣的各种部门，走路和说话要平静。
· 观看作品样例，跟老师交流和询问我的任何问题（**记住，轮到我时再发问**）。
· 大约在9:15或之前离开。

图7.41 视觉指令：准备六年级展示之夜的活动

在学校之外拓展使用视觉信息

亚当的案例对于那些在不同情境中要求使用视觉信息的学生是一个很好的示范,尤其是当他的个人世界不断扩展,以及离开校园安全保护的时候。在为亚当进入职场、学习大学课程以及深造更高层次的教育而做准备的时候,若要亚当在要求越来越高的环境中仍感到自信和独立的话,将需要为他提供同样水平的视觉信息。亚当在图书馆工作体验期间也使用了视觉信息。下面的例子说明的是亚当在为校外生活做准备时,持续结构化的重要意义。

与工作相关的学习

亚当在当地的一家图书馆进行工作体验,因为这个环境能够让他感到舒服,同时也可运用他的技能。亚当需要使用日程表和工作系统(参见第五章和第六章)。另外,视觉信息也有助于他完成工作。图7.42中的例子说明的是关于整理馆藏图书和接收读者还书的文字指令。

馆藏整理	还书处
1. 在一楼寻找装书的推车 2. 寻找装有 371–599 号书籍的推车 3. 通过电梯把推车送到2楼 4. 运用分类号替换书架上的书籍 5. 返回一楼层,查看日程表	1. 每次服务一位还书者——说"早安"或"下午好" 2. 扫描每本书上的条形码 3. 查看显示器确认书是否超期而要付费——如需付费,告诉他们费用 4. 把书放到推车上,对还书者说"谢谢"

图 7.42 文字指令:工作体验

复印、清洁整理书库、书架之类的工作也会使用类似的文字指令。亚当的文字指令中也会显示休息时间要做什么,工作完成之后告诉谁等信息。老师还会给亚当提供一个书面文字的"开场白"清单,帮助他在休息时间发起和同事的对话交流。亚当的工作体验完成得非常成功，其中一个插曲是在他的工作被检查时，他会有些紧张。如果有书面的规则说明谁会检查他的工作，以及他该如何回应的话，就能克服这种特殊的挑战。

本章小结

视觉信息是结构化教学的主要成分，它有助于明确重要概念，为如何着手任务提供视觉组织，还可提供指令以帮助学生完成工作。视觉信息非常重要，因为它是帮助ASD学生学习和理解新信息的最佳途径。在为ASD学生制订计划和做准备工作的时候，视觉信息提供的是一种有用的差异化策略。很显然，这些视觉信息必须是个别化的；由于每个学生都有不同的要求，对一个学生有帮助的某种视觉信息，对另一个学生不一定有用。这意味着提供结构化的课程计划不可能用于所有的学生。本章中举例说明的是使用视觉信息的基本原则。视觉信息作为一种教学形式，满足了学生特有的学习风格和个人需求。总而言之，视觉信息可以帮助学生理解别人要求他们做什么，并加深对课程活动的含义理解（见表7.1）。

表7.1　使用视觉信息让学生参与课程

学科课程	考虑个体学习需求和学习风格偏好的差异化教学策略：视觉明晰、视觉组织和视觉指令。
关键技能	视觉信息支持学生：沟通、与人合作、灵活变通、做决定、问题解决、信息加工技能、探究技能。
广域课程	视觉信息可以提供有意义的信息，可贯穿使用于整个课程体系（包括职业/与工作相关的学习），改善学生的独立性、自信和自主性。

如同结构化教学的其他所有要素一样，为每个学生提供的视觉信息必须是个别化的。对视觉信息的使用进行持续监控也至关重要，目的是确保提供

的信息是最恰当的，对每个学生的教与学最具有意义。在制订 ASD 学生课程和活动计划时，为了发展学生的恰当行为，增强灵活变通能力，让学生融入学校和社区生活的方方面面，应考虑使用视觉信息的策略。结构化教学的四个要素：结构化的物理环境、日程表、工作系统、视觉信息共同为 ASD 学生打造了重要的教学策略。在教学活动中应用每一种要素都能提供一定的结构，从而克服学生学习中的障碍并使其参与课堂学习。尽管本书对结构化教学的每个要素是单独讨论的，但很显然，若要 ASD 学生从类似的结构化策略中受益，有必要根据学生的个别化需求，综合考虑所有四种要素的使用（参见第八章）。综合化的结构策略为联合使用其他方法和策略提供了有益框架。第九章举例说明了如何将结构化教学与其他方法相结合，以促进学生融入完整课程的学习，提高学生的心理健康水平、学习和独立能力。

第八章 综合阐述

　　本书回顾了 TEACCH 总部有关结构化教学法的基本原理，以及如何使用它帮助 ASD 学生参与和融入课程学习。作者并没有对特定课程的效用、是否适用于 ASD 学生进行理论探讨，相反，本书认为：任何学科课程都是完整课程体系的一部分，所有学生都有权接受完整课程的学习，并以此作为出发点。完整的课程应考虑课程的广度与均衡性，同时还要适应学生的需要。结构化教学为 ASD 学生更好地融入课程提供了极佳的策略，而无论是哪一种课程。其中有些策略已在结构化教学法如何促进课程参与的相关章节中有详细的阐述。

　　TEACCH 总部创立的结构化教学法有四个基本要素：结构化的物理环境、可视化日程表、工作系统和描述特定活动任务的视觉结构。每个要素都能以有意义的和重要的方式帮助 ASD 学生融入课程学习。第四章描述了结构化的物理环境，对于 ASD 学生而言，视觉清晰而有条理的环境是保证他们理解教室的意义，掌控教室环境的第一步。无论在融合的还是特殊的教育环境下，都有必要创设一个视觉清晰的、可预见的、对孤独症友好的环境。这将是许多 ASD 学生通向课程学习的第一步，也是克服他们学习上主要障碍的重要方式。

　　结构化的物理环境除了可增加学生对于环境的理解能力，也可以降低学生的焦虑，而焦虑会直接影响学生的行为和学习能力。例如，在个人发展、社会性和情绪发展的相关目标中，都包含发展学生积极的性情、态度、行为和自我控制等方面的要求。这些领域通常对 ASD 学生都具有挑战性，也是他们优先的学习领域。清晰、一致、可预见的物理结构可以有效减少学生的焦虑，从而促进这些目标的达成。

与人合作被认为是蕴含在任何课程中的关键技能，同样它也是对 ASD 学生具有挑战性的学习领域。物理空间及其结构对改进 ASD 个体人际互动，更有效地与他人合作是非常重要的要素。

另外，ASD 学生在组织和学习技能上也表现困难。清晰的划界可以减少分心，帮助 ASD 学生建立条理性；而学习技能对于所有学科课程的学习都是必要的。教导个体控制自身行为也是另一项基本的个人与社会性技能。教室的物理结构在保持 ASD 学生情绪冷静，进而提升其自我管理能力方面是一个主要环境因素。清晰的物理环境也会影响学生进行有意义的选择，帮助 ASD 学生理解他们可以得到什么，在什么时间得到。

结构化的物理环境有助于学生全面参与班级活动。例如，在一个宽敞的环境中，可以利用可移动的小屏风或彩色胶带划定不同区域。屏风或其他装饰材料都可以用于区隔空间，这对于 ASD 学生非常有帮助。这些区隔空间可以清楚地对特定区域的期望加以阐释，并有助于 ASD 个体保持注意力专注。

总之，有效地布置教室的物理结构，有利于达成个人的、社会性和情绪发展领域的目标。结构化物理环境可帮助学生与他人共享空间、合作的能力，发展组织和学习技能、个人和社会技能以及行为自我管理能力。

第五章回顾的是结构化教学的第二个要素——可视化日程表。这些日程表为 ASD 学生提供了视觉信息，告知他们一日之中将会发生什么事件以及事件发生的顺序。可视化日程表可以使学生预期和理解将要发生什么事情以及何时发生。可视化日程表可以依据 ASD 学生的功能水平而发展设计出不同的类型。

日程表在很多方面有助于 ASD 学生参与和融入课程学习。通过减少混乱，增强灵活变通能力，鼓励学生参与更多的活动，可视化日程表的使用可促进对于课程目标的实现。通过改善沟通，增加对将要发生什么、什么时候以及在哪里等信息的理解，改善课程之间的转换过渡等手段，可视化日程表也可以帮助 ASD 学生有效地融入课程学习。日程表之所以重要，是因为它可以帮助和提升 ASD 学生理解学校所发生的事情。当学生被教室中出现的其他事情所分心的时候，可视化日程表也可以引导他们重新回到他们该从事的工作当中。

个人、社会性及情绪发展的目标，包括发展积极的学习意向、培养自信心和学习动机，这些是任何一门课程都要包含的重要目标。日程表通过教导儿童理解环境中正在发生的事情促进这些目标的达成。利用可视化日程表和使用常规为发展这些学习领域中的重要技能提供了有效策略。

日程表对转换过渡也有帮助。它为 ASD 学生转换活动提供了一致的方式，也为他们理解活动下一项将是什么，提供了一种有意义的方式。日程表在促进学生转换过渡上非常有效，可帮助学生在早期就发展出一种积极尝试新经验的方法，更加自信地愿意尝试新的活动。日程表也可以帮助学生适应常规的改变。这些领域对某些 ASD 学生而言，仍然是贯穿他们教育的重要目标；日程表会有助于所有年龄层次和能力水平的学生实现这些课程目标。

沟通和与人合作的技能也是贯穿于任何课程必备的关键技能。此外，ASD 学生需要获得支持发展他们的早期思维技能，诸如再认与提取信息，预测与预期，理解因果，联结物体、事件和经验的能力。使用可视化日程表的结构化教学方式有助于实现这些领域目标，特别是有助于与他人合作、倾听和回应等社会交往目标的实现。例如，日程表可以让学生理解某一特定课程的授课老师是谁，帮助他注意那位老师，并参与课程；也能帮助孤独症学生对社会情境展开预期，这些适当的期望会有助于他们在社会和人际情境中发挥出正常的功能。

做选择、表达喜好是贯穿课程的关键技能。许多 ASD 学生无法处理最简单的选择，一旦他们适应了日程表，就可以很容易地将选择纳入他们的日常常规，帮助他们理解选择的含义，并发展做选择的技能。

可视化日程表，通过让 ASD 学生在环境中变得更加独立，同样促进了课程中有关个人、社会性及情绪发展目标的达成，也有助于教导学生管理和调节自身的行为。

总而言之，日程表在诸多重要的课程领域都能发挥作用。日程表通过发展学生积极的学习意向、自我控制能力和学习动机，可进一步促进学生在个人、社会性及情绪目标的达成。日程表也有助于学生建立常规和应对变化；有助于改进学生在沟通、与他人合作和问题解决等多种关键技能，包括再认与获取信息、预测与预期、理解因果等能力；促进早期思维技能的发展，如学习记忆；以及日常生活技能、社区技能、个人及社交技能、自身行为管理等。最后，日程表在促进学生参与、做出现实选择和决策，与他人会面、合作，与工作有关的学习等方面也都发挥了重要作用。

结构化教学的第三个领域是工作系统，内容详见第六章。工作系统是帮助 ASD 学生完成特定任务而发展的系统化、个别化、有意义的教学策略。个人工作系统可以让学生保持条理性，从而独立而有效地完成多种不同活动。这些系统化的教学策略对于增进学生参与课程学习也非常具有成效。工作系统对于 ASD 学生之所以重要，是因为它回答了孤独症儿童并不十分清楚的四个关键问题：

- 我要做的工作是什么？
- 我要做多少工作？
- 我怎样知道工作的进展情况，什么时候完成？
- 我完成之后会怎样？

当 ASD 学生在特定区域从事特定任务时，工作系统可有效地帮助他们进行组织。个人工作系统对提升个人、社会性及情绪发展具有重要作用，这些技能涉及独立执行活动、注意、专注、静坐、在环境中独处、独立使用材料资源等。学生们应提高自信心，不断尝试新活动，培养注意力集中、静坐等能力，而工作系统则有助于发展低年级学生的这些目标，同时也适宜年长学生继续强化这些技能作为优先的学习领域。

通过个人工作系统使学生可以很容易地掌握组织和学习技能。工作系统也是帮助学生充分参与课程活动的一种极佳策略，聚焦考虑学习环境、组织与排序、动机与专注以及沟通等重要事项。

发展学生的个人自主性，做出有意义的选择，能够表达选择意愿，这些学习需要也适合应用在所有的学科课程当中。比如，增强注意力、兴趣和动机，独立管理工作时间，完成任务，独立工作，承担任务责任等。如果我们鼓励学生发展这些技能，就可以提高他们对课程学习的参与度。这也是 TEACCH 总部发展独立工作系统的主要原因，这些系统为发展上述技能奠定了良好基础。

独立的工作系统尽管最初只是在独立的工作区域中实践应用，但它们同样可用于鼓励 ASD 学生与同学进行互动，从而发展所有课程领域都要求的与人合作的关键技能。

课程的目标包括：培养学生承担责任，积极向上，发展个人独立性以及做出选择。通过提高学生的独立性，明确"完成"的概念，可使学生感受到一种真正的成就感，而工作系统则有助于成就这些目标。通过给学生提供在不同环境下使用的系统化策略，工作系统也有助于学生发展泛化能力，促进他们日后学习与工作有关的技能。中学或高中阶段的学生通过使用工作系统能够帮助他们参与那些与工作有关的学习，而这些任务都将要求个体具有独立的能力。

工作系统也可帮助学生在主流班级环境下达成融合目标。如果 ASD 学生有这些系统化、有条理、可视化的策略给予支持的话，他们中的很多人都可以在主流环境中取得成功。教师帮助 ASD 学生克服组织能力的困难，就可以减少 ASD 学生学习面临的某些障碍。

总之，工作系统可以促进学生在个人、社会性及情绪等方面的发展，如独立执行活动、在环境中独立而不依赖他人、独立使用材料资源、注意力集中以及静坐。课程中要发展的关键技能，如沟通和与人合作，也都可以通过使用工作系统得以发展和促进。工作系统对发展组织和学习技能也是极佳的策略。有关个人、社会性发展及健康教育，包括控制自身行为、自我控制、独立性、做决策、承担责任、保持积极心态，都可以通过工作系统得到完善。最后，工作系统还可对学校课程中与工作有关的学习起到促进作用。

第七章回顾的是视觉结构和视觉信息及其在介入课程学习中所体现的价值和作用。使用视觉结构可以有助于 ASD 学生区分任务，帮助他们组织、阐明和突出那些重要和相关的信息。它在教导学生如何完成具体任务，如何使用所要求的材料上有极其明显的作用。研究已反复证实：当材料是以视觉方式呈现时，ASD 人士的学习效果最好，因此，视觉呈现的学习任务是促进学生学习和加深理解的最佳途径。

融合教育的基本原则包含需要为学生设定适宜的学习挑战，克服学习的潜在障碍，以及满足学生的个别化学习需要。结构化教学，尤其是其中视觉结构的使用，通过调整视觉材料、活动和任务，以适应每个学生的适宜发展水平。

对材料进行调整、明晰和组织，这对于年幼儿童有极大的帮助。有很多实例可以说明视觉的结构化活动如何帮助学生在早期课程中发展基本的技能，比如，数学和手眼协调能力的发展。类似的视觉明晰和组织策略对于 ASD 及其他学习困难的学生也非常有助益。

视觉结构也可以帮助学生在特定的学科课程上取得成就。例如，视觉组织、视觉明晰和视觉指令可以使学生参与科学课的实验与调查，并在熟悉或相关的情境中使用各种设备。在数学和算术课上，视觉提示可以突出重要信息，使学生注意集中并积极参与，比如，提醒学生他们需要运用哪种运算方法。结构化活动也可以助力读写课程，比如，使用现成的视觉化模板，联系故事中发生的各种熟悉事件，进行有关事件或个人体验的习作练习。视觉指令也可应用到体育课当中，例如，要求学生完成行走、选择和联结等基本技能的各种活动，以及在短时运动阶段的各种动作练习。在设计和科技课程中，视觉提示可以帮助学生进行材料组装与接合，或者用于帮助学生设计、制作与反思等不同环节。

视觉提示有助于学生解决简单问题，发展早期思维能力，也给学生提供了各种机会运用视觉或触觉的材料信息反映他们不断扩展的经验。

视觉信息在课堂之外也发挥着重要作用。例如，它有助于促进学生创业技能的培养，为扩展学生的经验和与工作相关联的学习做适当准备。

视觉符号对监控各种环境下学生的行为具有帮助意义。例如，突出重要信息可以帮助学生达成与个人卫生相关联的自理教育目标。

很明显，上述这些视觉策略可以帮助学生通往各种课程领域的学习。这些方法背后的基本原理都强调个别化评估的重要意义。为了发展对某一学生最为有效的结构化水平，有必要对学生的个别化需要进行认真细致的评估。这将包括评估学生视觉认知的发展水平，以及何种程度的结构才可确保学生做到最大限度的理解，并保持个人独立。之后，联合结构化教学的四大要素，为学生提供可以帮助他理解，并通向无障碍课程学习的结构化水平。不同的学生会有不同的要求，因此，本书中呈现的具体实例仅仅是为了解释说明如何使用这种方法。当前的一个挑战就是评估个体的需要和发展结构化的方法，促进每个学生的教与学。

定期监测和评估学生正在使用的结构化水平也是非常重要的。学生的需求会随着时间的流逝而发生改变，某些学生在不同的环境下可能要求有不同层次水平的结构化。例如，学生在陌生的教室与陌生同伴在一起；或者当他进入一个新环境，诸如工作体验之时，可能需要有更高程度的结构化。某些学生可能对结构化水平有长期不变的一致要求，而另一些学生则可能有非常快的变化要求。通过细致地监测结构化水平，便可了解这种变化的需求。

最后，独立的工作任务也需要认真监测。有些学生可能会受益于重复性的活动，而有些人如果总是要求他们重复某些任务，就会让他们感到厌烦和无聊。我们也需要不断地评估和监测学生的进步情况。此外，独立的工作任务应该与学习的领域有关联，或者可以作为课程特定领域的重要参考。例如，在读写课上，学生有一系列需要独立工作的任务。任务可以与读写作业有关，也可以是与读写课交叉参考的内容，或者与学生的个别化目标相关联。无论怎样，都需要监测和记录学生的进步情况。

本章所进行的简要总结与回顾，触及的仅是结构化教学的表面。结构化教学法在支持、提高和促进课程传授上无疑还有其他很多种方式。结构化教学真正的优势在于它具有与其他方法、理念或课程相融合的能力，可以极大地促进ASD学生的发展。结构化教学为具有特殊学习风格的学生提供了课程传递与实施的概念框架，在此框架内，课程内容应具有广泛性和均衡性。如果以结构化教学为概念框架实施课程，那么ASD学生就有机会通向适合他们自身需要的课程，参与各种干预训练的方法，如音乐互动治疗、身体锻炼、社会技能训练项目等。

结构化教学是一种对ASD人士在组织和呈现信息上体现"孤独症友好"的方式。结构化教学的策略源自大量有关孤独症神经学基础的文献，并从中发展而成，它提供了大量有助于ASD学生教学和支持的策略、方法与技术。本书中所提供的范例仅仅是我们既得成就的一个开端。我们希望，这些范例可以激发那些初涉ASD教育的教师、家长和对此有兴趣的其他专业人员，带领ASD学生融入完整课程所应提供的更多丰富而有意义的课程学习之中。

第九章　结构化教学与其他策略结合：促进课程融合

引言

结构化教学由 TEACCH 总部和埃里克·邵普勒所创立，作为一种干预方法，它替代了 20 世纪 60 年代针对孤独症谱系障碍者干预所采取的主流的心理动力学方法。邵普勒认为，ASD 人士在思考、学习、理解等方面都与"典型"发展的普通人不同，因此，干预应改变和调整学习环境，教学材料和提供的组织策略也宜采用对孤独症更为友好的方式。他认为，如果采用适合孤独症儿童学习风格的教育方法，孤独症儿童是可以在教育环境以及日后的社区环境中发挥其自身功能的。这种观点最初得到了当时反对心理动力学观点的人们的推崇与信奉。

由于结构化教学是针对心理动力学干预模式而最先发展的替代性方法之一，邵普勒及其同事不断创立有助于家长在家庭、学校以及社区中实施的教育策略。创设对孤独症友好的教学材料和环境的这种理念逐渐被系统化，从而成为一系列的教学策略——结构化教学法。结构化教学策略已得到广泛应用，而且仍将是帮助 ASD 人士居家及社区生活最具证据支持、最常用的教学方法。这也使结构化教学成为在全世界范围内广泛使用且非常有效的干预策略。

结构化教学被广泛接受的另一个原因在于它背后的基本理念，即做出适应孤独症人士学习方式的调整与改变，使这个世界变成更适宜 ASD 人士，对孤独症更友好的环境。这一理念超越了结构化教学法而得到广泛的实践应用。事实上，正如本章将要展示的那样，教育者可以将结构化教学的理念与其他教学法相结合，这是因为结构化教学的各要素都是建立在要使这个世界变得对 ASD 人士更有意义，可以帮助他们更加有效地进行思考、学习和理解事物的理念基础之上的。因此，任何干预方法都可以通过融入结构化教学的观念而得到补充完善，进而使整个世界面对 ASD 人士而变得更为友好。

结构化教学与其他方法和策略的结合

很多方法和策略可以很容易地与结构化教学相结合，尤其是那些使用视觉提示的教学策略。例如，里基（6 岁）正在快速地发展他的视觉技能，这种技能可通过诸如图片交换沟通系统（PECS）等视觉性沟通策略得到进一步支持，从而帮助他进行沟通（Bondy, Frost, 1994）。不过，有些方法乍看起来似乎与结构化教学的结构相抵触。本章列举了一些结构化教学与其他视觉策略相融合的案例，也包含与不是那么直接融合的其他方法相结合的案例。这些策略包括：提高以儿童为导向的互动；发展社会沟通和情绪调节；发展社会性的理解；发展合作性小组工作；以及探讨解决不利于课程学习的各种焦虑。

案例研究

结构化教学与互动教学法（interaction approaches）

山姆是一个 3 岁男孩，有孤独症且学习困难，目前在一家融合幼儿园上学，由一位学习支持辅助教师给予全程支持。表 9.1 概括的是适宜山姆的结构化。

表 9.1 适宜山姆的结构化设计

结构化的物理环境	教室各指定区域有特定的用途；使用家具和屏风限定具体活动区域并减少分心；使用避免分心的工位设计；座椅贴有照片；方形地毯显示小组和班级活动时应坐在哪里。
日程表	在一项活动之前递给学生用于过渡安排的物品；开始使用"先……，再……"的常规。
工作系统	工作系统从左到右安排，并带有完成篮。
视觉信息	视觉结构的任务（"鞋盒任务"）。

采用结构化教学为山姆营造了一个有效的学习环境，并帮助他体验到了安全感。这种结构化提供了起到积极支持作用的常规，可以减少分心，帮助他维持注意力集中。结构化也提供了组织与支持功能，让他开始变得独立，并能成功地完成早期学习任务。山姆需要学习如何使用这些结构化策略，帮助他做好学习的准备。

对于山姆，学习如何运用结构是第一要务，其次是要发展与工作人员（尤其是核心工作人员）之间的良好关系。山姆刚到这个幼儿园时，他对大人和孩子们都很惧怕，因此，与成人建立友好的关系是山姆进一步学习和介入早期课程的关键一步，这些课程包括与成人和儿童进行积极而恰当的互动教学。

结构化教学与互动教学模式：随顺山姆的兴趣

随顺儿童兴趣的互动教学模式，为像山姆这样恐惧、孤僻、不愿与人交往的儿童提供了一种有效的、可以参与互动的方法。以儿童为中心的互动教学模式，通过仿效婴儿与养育者之间进行早期社会情感互动的策略，旨在建立积极正向的、相互愉悦的互动常规模式。有很多干预方法都倡导以儿童为中心的互动干预，如密集互动模式（Hewett et al., 2011）、地板时光①（Greenspan, Wieder, 2006）、早期干预丹佛模式②（ESDM, Rogers, Dawson, 2010）。这些方法都主张成人应加入儿童的活动，目的是让儿童对他人有更多的注意，同时感受愉悦的社会互动过程。例如，早期干预丹佛模式，主张进行联合活动的游戏常规教学，模仿照顾者与婴儿之间的互动形式，如：注意父母的脸和声音，吸引婴儿注意，给彼此带来欢笑的亲子互动，父母模仿婴儿的发声和有意图的举动，父母用玩具支持和吸引儿童的社会性关注，而不是用玩具替代儿童对成人的社会性注意。

以儿童为中心的干预方法，要求成人对儿童的运动、动作和兴趣等都给以积极的响应，与更加有条理的结构化教学策略相比，它更具有自发性。的确，互动教学法被人们认为是与结构化教学法相对立的，二者并不容易相互结合。然而，事情并不需要这样对立，出于对儿童利益的考虑，将这种所谓"对立"的方法结合起来也有其可能性。以山姆为例，他正在学习使用结构化的方法，这种方法可以让他感到安全和安心，并逐步开始发展他的独立性；与此同时，山姆也需要发展积极的人际关系，这是他可能进入更广泛的课程所需要发展的与他人合作能力的基础。下面举例说明的是，结构化教学如何与互动教学法相结合，共同为山姆提供结构化学习与自发的互动常规。

乔是一名支持辅助教师，是分配给山姆的主要工作人员。她每天要为山姆创设好结构化的物理环境，保证山姆的工作隔间免于喧嚣和凌乱，所有任务材料都准备妥当，放置在搁架上。乔对山姆进行了仔细观察，

---

① 译注：参见《地板时光：如何帮助孤独症及相关障碍儿童沟通与思考》，[美] 斯坦利·I. 格林斯潘等著，华夏出版社 2018 年版。

② 译注：参见《孤独症儿童早期干预丹佛模式：利用日常活动培养参与、沟通和学习能力》，[美] 莎莉·J. 罗杰斯等著，华夏出版社 2016 年版。

以便确定每次活动中的哪些物品对山姆是有意义的。从观察中,乔确定了很多物品可以给予山姆以支持他在各种活动之间成功地进行过渡(见第五章)。山姆可以理解这些物品代表的含义,能独立地定位沙盘区、户外游戏区,也能找到他的工作隔间。他能独立地完成一项活动,尤其当这种活动包含着他最喜欢的电视人物时;乔可以用姿势动作朝向完成篮,以表示他"已完成"任务,接着再给山姆一个物品示意他过渡到下一项活动。山姆很快就学会了这种工作常规,在转换任务时面带微笑,也可以听到他哼唱最爱看的电视节目中的曲调。山姆已经适应和熟悉幼儿园的环境布局;乔也感到他不再那么紧张不安了,因为山姆已经可以预见一些常规性的活动,并理解它们的意义。

由于山姆对幼儿园越来越感觉惬意自在,因此,幼儿园老师建议乔可以与山姆开始发展社会互动游戏。乔接受过有关互动教学法的职前培训,她决定随顺山姆的需要和兴趣,听从他的指引,并尝试模仿他的动作和声音,加入他的活动当中。乔对山姆进行了细致观察,发现了一些山姆似乎很喜欢的动作和活动,如晃动双手、哼唱电视曲调、飘动丝巾、推毛绒公仔溜滑梯等。乔在游戏区靠近山姆,并模仿山姆做的动作和活动。山姆第一次注意到乔,似乎是在乔晃动双手、低声哼唱同一首电视歌曲的时候,山姆稍作停顿,有瞬间的视线接触,之后就又继续晃动双手和哼唱。乔老师每天多次在活动中模仿山姆,逐渐建立并使用停顿——突发的常规,如"各就各位,预备……",等待山姆发令"开始"。山姆很享受这些活动,尤其喜欢乔在他的头上来回飘动丝巾。乔仍继续定期地加入山姆的活动,通常是在游戏区的活动。山姆有时也会接近乔老师,递给她丝巾或毛绒玩具,对此乔释意为"跟我玩"的意思。

为了将这些社会游戏并入山姆的一日活动日程之中,乔老师决定用丝巾作为活动过渡的一件物品。当山姆完成任务,乔老师就递给他一块丝巾以示过渡到游戏活动,并在这段时间加入山姆的游戏活动。此外,在靠近游戏区的屏风上也挂上一条丝巾,老师教山姆在提"跟我玩"的要求时,要把丝巾递给乔老师。

山姆的一日活动都进行了结构化的安排,这样可帮助他放松心情,并发展他的独立能力;结构化教学法为山姆提供了一个可以理解的、有意义的学习环境,帮助他发展关键性的技能。在这个结构化的框架下,将互动教学融入山姆的一日活动,可以促进山姆与主要工作人员之间发展愉悦的社会互动;培养积极的人际关系是课程学习进程中能够与他人合作的重要前提。尽管当前的多数游戏时间仍由乔老师主导,但未来可以计划在游戏区活动时,让山姆发出"跟我玩"的要求。对于山姆,工作与游戏要有明显的区别。未来,教师也将教导山姆遵从"先工作,再游戏"的常规,以发展他进一步学习使用可视化日程表的能力。在干预过程中将结构化与自发互动的策略相结合,丰富了山姆的早期教育,并使山姆可以开始加入更广泛的课程活动之中。

案例研究

结构化教学与社会沟通、情绪调节与执行支持(Social Communication, Emotional Regulation, Transactional Supports, SCERTS)模式

马丁,14岁,有孤独症,在一所招收重度学习困难学生的特殊学校上学,安置在一个专门为6名ASD学生的班级中。尽管马丁多数时间是在这个班级中度过的,但有时也到其他班级上课,如戏剧课和食品工艺课等。表9.2总结了适合马丁的结构化教学策略。

表 9.2　马丁的结构化摘要

结构化的环境	指定具体活动的区域；使用屏风减少分心；小组活动时坐在外周边缘；当情绪崩溃时有安静的小屋可以退避。
日程表	采用部分时间的实物日程表，以帮助马丁遵循白天的活动顺序；在日程表中将不喜欢的活动像"三明治"那样夹在两个喜欢的活动中间，通过这种策略使马丁参与更广泛的课程。
工作系统	从左向右的顺序安排工作系统，并配有完成篮/文件夹；完成四项任务后，紧跟强化物选择，即在两个喜欢的活动中可选择其中之一。
视觉信息	视觉结构化的任务，视觉明晰的策略。

结构化的教学策略使马丁可以理解每日活动的顺序，同时也发展了他的独立能力，可以独立地实现活动转换。尽管他有时也会由于感觉过敏而情绪崩溃，但他在学习控制自己的焦虑，在情绪出现异常的时候，他会躲到主班教室旁边的"安静屋"以求安全。马丁也随时可借助视觉沟通策略表达好恶、提出要求，让工作人员知晓他很焦虑。

SCERTS 模式（Prizant et al., 2005）已经作为一种综合干预方法为学校所采纳，这种方法旨在发展学生的社交沟通技能和情绪调节能力。为了达此目标，该模式还包括执行支持（transactional supports）的维度，包含学习支持、家庭和专业人员支持。由于这种干预模式聚焦于个人的情绪健康，与包括马丁在内的有孤独症且学习严重困难的在校学生的利益极为关切，因而得到学校的充分考虑。结构化教学的策略作为"执行支持"而加以使用，其中视觉结构是支持学习的一种有效方式。下面的举例说明了这两种方法如何在马丁身上结合使用，使他学会学习，并改善了他的情绪健康。

马丁的教师接受过结构化和 SCERTS 这两种干预方法的培训，并且发展出一种将两种方法相结合的模式，满足马丁的个别化需求。结构化教学用于发展独立能力和自尊,这一点与SCERTS模式的优先发展目标相契合,马丁的老师考虑到二者都强调优先发展个人的心理健康目标,因而认为二者将会达成一种有效的干预结合。关于优先发展心理健康这一目标,已发展出许多综合性的策略。

独立能力与自尊

独立能力是马丁主要优先发展的一项目标,使用结构化教学策略可以使马丁发展大量的独立技能。他可以独立地运用实物日程表,并借此获得有意义的信息,预测和理解他每日的活动顺序。马丁周末在家以及参加短时的机构服务时也都使用同样类型的日程表,这样就可以使他的独立能力得以迁移到不同环境。随着独立能力的增强,马丁的自尊水平也得到提高。他的父母报告称他很快乐,情绪也更放松。

社会沟通

马丁在提要求和做出选择时,是通过将物品递给成人的方式得以实现的。现在他最熟悉的物品上都贴有照片,包括当他要求从事他喜欢的活动(iPod、平板电脑、航空杂志、购物目录)时,也都可以通过实物/照片的模式得以实现。在他的结构化教学中,可以构建这种沟通机会,例如,当工作完成后,提供两种活动供马丁选择;马丁先做出选择,之后拿着选出来的贴有照片的物品交给成人,以达到他要求从事那项活动的目的。

由于马丁偶尔也会经历非常焦虑的状况,因此,如何表达焦虑应成为马丁在沟通领域优先考虑的目标。除了提供机会表达要求,获得想要从事的活动之外,老师也教马丁使用一个可以进行视觉沟通的钥匙扣,让工作人员知晓他需要到安静屋里待一会儿。这个钥匙扣就挂在他的腰带上,他可以随时拿到它。由于安静屋里面有马丁喜欢坐的摇椅,因此,钥匙扣上有一张摇椅照片，小摇椅模型可以粘贴在照片上面。老师要密切关注马丁的行为，一旦他出现焦虑迹象（出现拍打和摇晃动作增加），就提示他取下摇椅模型/照片，并将其交给成人，那么，他就可以去安静屋了。在那里，他可以坐在摇椅上摇晃，或者浏览他的购物目录。尽管这一策略现在还需要提示辅助，但对于马丁来说，我们的意图在于使他可以提出要求，在他需要的时候可以进入安静屋这种安全环境。一旦他学会独立地做这件事情，工作人员就可以让家庭以及接受短时服务的机构工作人员提供机会，迁移并运用这种重要的沟通技能。

情绪调节

除了教马丁如何表达他需要去安静屋的需求之外，对于他而言，尤其是当他焦虑的时候，学习一些策略调节和控制他的情绪状态也至关重要。由于马丁喜欢玩一些有触感的"玩具"，如可以挤压的压力球，老师为他提供了一个感觉箱，让他从中挑选一些他可以"摆弄"的物品。这个感觉箱可以作为马丁选择活动的一部分而定期地提供给他。此外，在他感觉难以应对的时候，比如他需要等待，或者在进行全班集体课教学时，也可以给他提供一些感觉箱中的物品让他保持情绪安稳。这种感觉玩具似乎可以平复马丁的焦虑情绪，帮助他在全班集体课教学中保持注意力集中。同样，马丁在家庭以及在短时服务机构中也都可以使用同类型的感觉玩具，以确保用此方法的一致性和连贯性。

上述策略仅仅是几个结合的例子，用以说明如何让马丁学习、沟通和表达，以及如何控制他的焦虑和情绪。不同策略的有效结合可以使 TEACCH 与 SCRECTS 模式的目标和原则达到互补，共同提高马丁在安置中心接受服务的质量，使他的情绪维持平稳。提高马丁的独立能力与自尊水平将关系到他融入课程学习时能否克服障碍，而给马丁提供有意义的社会沟通和情绪调节策略，意味着可以减少他的焦虑，使他拥有较大的自主性。以这种方式优先确定马丁情绪健康的发展目标，意味着给予他支持，使他做好准备参与所有课程领域的学习。

案例研究三

结构化教学、社交脚本与社交故事

索菲，10岁，在丹麦一个小镇的主流学校上学。她目前的班级有21名学生，她每周还要接受五小时的额外支持服务。索菲的所有科目都能达到预期成绩，尽管她学业能力不错，但她在组织和排序技能上会感到困难，尤其是在她上课听讲时，不知道应将注意力集中在哪里。结构化教学策略让索菲参与广泛的课程当中，包括参与校园生活的社交活动。表9.3概括了适宜索菲的结构化教学策略。

表9.3　索菲的结构化摘要

物理结构	教室布局和座位清晰可辨，目的是减少焦虑和分心。退出教室很方便。 设有安全空间，利用隔壁房间来观察整个学校的活动。
日程表	使用电子日历式的文字日程表。 使用平板电脑可查看每周和每日的日程表信息。在非结构化时间里，使用活动文件夹。
工作系统	写在笔记本上的文字型工作系统。计划应用平板电脑整合工作系统和电子日程表的信息。
视觉信息	所有课程都采用文字指令；使用视觉明晰策略注意细节，如在工作清单上明晰细节。

结构化教学策略通过创设有效的学习环境，提供有意义的信息方式，激发索菲的动机，使索菲可以融入课程的学习。索菲不仅可以融入所有科目的学习，同时也在结构化的支持下学习关键技能，这包括社交技能

的发展。与他人交往对于索菲来说具有非常大的挑战性，这种与同伴交往的困难也会给她在课程学习的融合中造成障碍。

社交技能对于索菲参与课程中两人搭档、小组活动以及全班集体的工作都非常重要，为了支持索菲学习关键的社交技能，孤独症咨询顾问与班级教师讨论了如何支持这些重要技能的学习，并达到最好的效果。由于索菲无法与他人交往合作，因此，老师们一致认同她们所引入的任何策略都必须能激发索菲的兴趣。她们决定教索菲使用社交脚本，同时加上一个视觉提示作为提醒，接着便是考虑如何将社交脚本与视觉提醒呈现在她的平板电脑中。下面的例子便是解释说明结构化教学策略如何与社交脚本相结合，以及如何应用科技手段提高索菲的学习动机。实例显示的是对索菲进行轮流社交技能教学的第一阶段，之后展示的是如何进一步扩展教学成果，通过撰写一个社交故事帮助索菲发展她的社交理解能力（Gary, 2010）。

索菲每天有一次间歇休息时间，可以与一名同学玩电脑游戏。物理环境结构化确保索菲在学习环境中感觉非常惬意舒适；在活动将要发生时，日程表也会清晰地显示。索菲喜欢使用电脑，玩电脑可以激发她强烈的动机，尤其是她喜欢那些含有动画人物的游戏。为了增加她与同伴进行社会交往的机会，每天在休息间歇，邀请一位同学与索菲一起玩电脑游戏。索菲的同伴们很乐意加入她的这个活动，也总是有许多志愿者加入其中。

社交脚本——提醒做什么

由于索菲对玩电脑非常有兴趣，索菲的教师和咨询顾问充分利用了她的这一强项和兴趣，她们认为这种活动可以提供索菲与同伴交往的机会。在课堂上，索菲无法与同学交往，通常她也排斥这样做。教导索菲学习与同伴交往技能的第一步,是在她从事喜欢的游戏活动时,允许身旁有一个同伴在侧。不过,索菲很快便不遵守轮流的行为,尤其在当游戏是按照难度水平依次通关的时候,索菲会中止同伴的轮流机会,以便尽可能快地玩完每一关游戏。如果轮到同学玩游戏,一旦同学出现失误,索菲同样会接手游戏一玩到底。在这种情况下,虽然某种程度上游戏的结构可以支持索菲参与这种交往活动,但是还需要有其他的策略教导索菲目前尚缺乏或容易忘记的一些技能。

在教学中引入一个较短的文字脚本,提醒索菲有关游戏活动的结构,提醒她需要与同学轮流玩游戏(见图9.1)。在课间休息之前,提醒索菲阅读这一脚本;将视觉提示的"记忆"卡(见图9.2)放在电脑桌上。社交脚本策略很好地与结构化教学策略相融合,因为二者都充分利用了个体的视觉优势。

轮流

在我的_____点钟休息时,我可以在电脑上玩游戏。
我可以选择一个朋友与我一起玩游戏。
我和_____或者_____一起玩游戏。
首先,我们选择我们要玩的游戏,**然后**,我们便开始游戏。
我们**轮流**玩游戏,通过各个关卡。
轮流意味着当我过了一关游戏,就该轮流到我朋友玩游戏的下一关。
当**轮流到我朋友**玩的时候,我需要把键盘交给我的朋友。
当我朋友过了一关,就轮到我玩游戏。我朋友将会把键盘交给我。
轮流不断持续,直到游戏完成,或者休息时间结束。
记住要让我的朋友有轮流机会,去过他游戏的那一关。

图9.1 在休息时间关于轮流的社交脚本

轮流

记住：当我过了一关游戏后,要把键盘交给朋友。

让朋友过他的那一关。

图9.2 轮流的视觉提示

社交故事——理解为什么

虽然社交脚本和视觉提示可以帮助索菲,提醒她应该做什么,但社交脚本无法帮助她理解为什么需要轮流。为此,接下来需要为她编写一个个性化的社交故事(见图9.3),该社交故事解释了孩子们如果不遵守轮流规则的话,别人会有怎样的感受。社交故事或文章与结构化教学策略完美结合也归功于视觉的要素。此外,结构化中的提醒直接与社交故事联结,例如,日程表中可以包含一条提醒:"在课堂和游戏时记得要轮流",或者含有这样的信息:"轮流非常重要"。索菲每次检查她的日程表时,都会看到这一提醒,帮助她回忆社交故事中的内容。

在课堂和休息时间孩子们为什么需要轮流

在_____学校就读的儿童常常需要轮流。

在课间休息玩游戏时,他们需要轮流。

在小组活动以及老师进行全班教学时,他们需要轮流。

有很多课程都需要孩子们轮流:比如,识字、算术、艺术、科学课等。

孩子们都喜欢有轮流机会,他们喜欢轮流游戏、发言、提问、回答问题、告诉老师他们所知道的事情。

轮流非常重要

举例:

如果每个人都在同一时间说话,那么老师就不能听清孩子们都在讲什么。

如果有些孩子不让其他人有轮流机会，他们的朋友可能会烦躁不安，他们会认为：

我没有轮流机会。
这很不公平。

我们的老师也喜欢所有孩子在课堂和游戏时都有轮流机会。

我需要记住在课堂和休息时间要遵守轮流规则。

当我需要轮流时，老师通常会提醒我。如果我忘记该做什么的时候，我可以查看社交脚本和我的"记忆"提示卡。

当同学们都遵守轮流规则时，每个人都有机会游戏、发言、提问或回答问题。这样会使每个人都感觉到课堂和休息时间对于大家是公平的。

当同学们都记得轮流规则，我们的老师也会很开心的。遵守轮流规则会让老师和同学们都感到开心舒服。

图 9.3　社交故事教孩子们为什么需要遵守轮流

还有一个例子进一步解释了结构化与社交故事相结合使用的价值。一个视觉的、文本提示提醒萨拉在与他人交往时所需要的技能（见第七章和图 9.4）。

1. 聆听其他人都说些什么。
2. 对话中轮流讲话。
3. 对他人用舒适的音量说话。
4. 轮到你发问时，再提问。
5. 对他人的观点采取积极和善意的评论。

图 9.4　视觉提示：与其他儿童交往所需技能的提示

社交文章（Social Article，见图 9.5）也可以通过提供书面信息，解释为什么这些技能如此重要，以及需要牢记的事项，帮助个体提高社交技能。

结构化教学策略与社交脚本和社交故事的结合可以帮助个体发展重要的技能，在索菲和萨拉的案例中，综合的教学策略帮助她们发展了重要的社交技能，也帮助她们理解为什么这些技能是重要的，缺乏这些技能将阻碍她们融入课程的学习。这些策略有助于发展个体的重要技能，具有潜力以支持像索菲和萨拉这样的学生参与和融入课程所有领域的学习。

与其他儿童交往

学习与其他儿童交往是很重要的技能。老师通常会在课堂上设计和安排同学们彼此相互交往。孩子们有时是成对地进行交往，有时是在 4~6 人的小组活动中进行交往。

有时，孩子们也会忘记他们需要与其他儿童交往。当孩子们忘记时，他们可以阅读提醒标志。下面就是帮助我的提醒物，告知我需要做什么以及为什么它很重要。

> 1. 聆听其他人说话，**因为**那样你就会了解其他人都想些什么。
> 2. 在对话中轮流讲话，**因为**那样每个人都有轮流说话的机会。
> 3. 说话时音量适当，**因为**那样他人听你讲话时会感觉很安全、很轻松自在。
> 4. 轮到你发言时可以提问题，**因为**那样每个人都有机会发问。
> 5. 对其他人的观点尽可能用积极和善意的语言加以评论，**因为**通常他人会对那些使用善意语言的人表现友好。比如，你可以说：**"非常好的尝试"，"我喜欢你的想法"**。

多数儿童都喜欢轮流讲话和提问，那些没有机会轮到的儿童会烦躁不安，他们也可能会感到有些不公平。许多儿童都喜欢能有一次轮流机会，当儿童都有轮流机会时，老师就可以了解到每个儿童不同的想法。

我要记住，当有人注视我且目光停留在我脸上时，或者当有人向我问问的时候，就是轮到我的时间。如果我忘记了，有人会给我出示卡片——"轮到你了"给以提醒。如果没有轮到我，而我还有一些重要的话要说，我可以把它们写在我的"想法和问题"笔记本上，课后我可以把笔记本拿给老师分享。当班上的所有孩子都有轮流机会时，无论是孩子还是成人都会感觉很公平。

图 9.5　社交文章教导与他人交往时为什么需要那些技能

设计有效的小组活动，发展合作能力对于所有科目课程都至关重要。由于谱系障碍学生难以从事群体性的活动，这也成为教学设计与实施最具有挑战性的项目。下面的实例介绍的是"拼图"设计法如何透过结构化的教学策略而得到增强，包括一项职业小组活动和一项食品工艺小组活动。不过，在这种独特的策略结合背后的内在原理却可应用于所有课程中的小组活动。

案例研究

结构化教学与拼图设计

库帕特、迪帕克、艾哈迈德和桑杰都是十八九岁的小伙子，他们就读于印度一家专门安置孤独症谱系学生的学校。他们白天上学，参与学校很多活动，也包括职业方面的培训。职业课程是优先设置的，目的是培养他们能够参与当地社区开展的各种与工作相关的活动。表 9.4 概括的是适合发展合作性小组活动的结构化教学策略。

表 9.4　库帕特、迪帕克、艾哈迈德和桑杰的结构化策略

物理环境结构	桌子连成一排摆放，供他们四人中的三人使用。使用一个低矮的屏风以减少一些分心，但又不会完全阻挡公开教学区的视野。
日程表	使用符号/文字型日程表。小组活动符号也包括一起从事合作任务的学生们的名字和照片。 一名学生使用的是比较短的日程表。对于这项任务，桑杰的日程表显示：在两个喜欢的活动（午餐和选择）中间，夹有一项他不太喜欢的活动（工作）。
工作系统	从左至右的小组工作系统；每个学生完成他自己的任务，并把材料放在他们右边的篮子里，进而成为下一个学生的工作材料。这排桌子末端的最后一个完成篮装的就是桑杰午餐后需要完成的工作任务。目前桑杰还无法坐在其他同学的旁边工作，因此，邮件篮子需要有人带给他，放在他的教学桌上。
工作系统	最终的目标是桑杰可以适应这个结构，安全舒适地坐在这一排工作桌的末端。
视觉信息	使用符号加文字的视觉信息，提供整个任务的步骤顺序（粘贴在屏风上），以及每个学生需要完成他个人任务的指令。

结构化教学策略已经让这些学生彼此相互合作,利用他们学到的职业技能完成小组任务。不过,老师在考虑如何设计这种合作性活动时,并不只是单独地使用结构化教学策略。孤独症谱系学生因其在沟通和社会互动上存在障碍,在贯穿课程学习的过程中,参与小组的活动对于他们会是特别大的挑战。然而,小组活动也为个体提供了学习机会,使他们可以学到贯穿于生活的很多重要技能。如果个体想要参与进入教育活动和社区活动的话,那么与他人合作和交往将是至关重要的技能。

成功的小组工作会在参与者之间产生相互依赖,在设计上可确保所有组内成员履行他们在小组任务中的角色。在考虑如何设计具有挑战性的小组活动时,有一种方法非常有帮助,它就是拼图设计。这种设计方法可为个体或者群体识别特定的角色和任务,目的在于提升组内成员之间的相互依赖。这种方法通过创设相互依赖的工作情境,鼓励群组成员彼此支持与鼓励,以达成小组成功的目的。霍利和罗斯(Howley, Rose, 2003)认为:

> 拼图设计法可以让教师在有目的的小组活动中满足个体的需要,以学生的强项和兴趣为中心。此外,结构化教学法可以进一步使学生增能,让他们可以参与那些有潜在压力的学习环境。
>
> (p.22)

拼图设计与结构化教学法完美结合,目的是成功设计小组成员的参与活动,正如下列步骤中所显示的那样:

- 给孤独症学生分配一项任务,该任务既是小组活动的重要组成部分,也能最好地利用这名学生个人的特长与兴趣。这项任务作为学习目标应是学生有能力做到的,且与小组工作的主要技能相关联。

- 为个体确定学习目标，学习目标应与社交和（或）沟通技能有关，且能够作为小组成员成功参与的重要核心技能。
- 考虑如何实施结构化教学的每个要素，以支持个体实现作为小组成员的工作目标。

下面的例子展示了拼图设计如何与结构化教学策略相结合，帮助库帕特、迪帕克、艾哈迈德和桑杰参与合作性的小组工作。

为了让库帕特、迪帕克、艾哈迈德和桑杰参与小组工作，老师为此设计的邮寄活动如下：

- 个人的任务应成为邮寄工作的重要组成部分，可通过任务分析的方法加以确认。
- 按照个体可以独立完成的技能，将每项任务分配给个人。每项任务构成了"邮寄工作拼图"中的一块拼图；由于每项任务都是邮寄工作的重要组成部分，学生们需要彼此依赖才能完成整项任务。
- 结构化教学的诸要素是依据个体的需要和优势设计而成（见表9.4）。
- 将已经拼好的"邮寄工作拼图"粘在低矮的屏风上，进一步给学生提供视觉信息（见图9.6）。
- 当三名学生进入小组工作区，"邮寄工作拼图"中的一块拼图就放在学生的桌子上，这块拼图在视觉上提醒个人要做的工作是什么。
- 当个人完成他的那部分任务时，就可以把他那块拼图再放回到"邮寄工作拼图"上。这样可以帮助每个人了解他个人的工作对于整个工作任务的贡献。
- 午餐过后，桑杰会拿到一块拼图，这块拼图的视觉含义代表了他的工作是递送信件（比如，装信件的篮子）。在他返回途中，教师助理会提

第九章 结构化教学与其他策略结合：促进课程融合 | 209

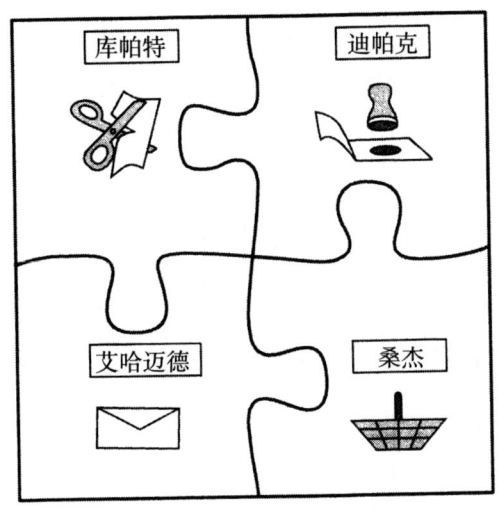

图 9.6 合作性小组工作的拼图设计

醒他将拼图块放回到拼图板上，这样就补全了最后一块拼图。
- 当邮寄工作全部完成，四名学生聚在一起，老师给他们出示已经拼完的拼图。这个环节是鼓励每个学生回忆他自己承担的任务部分，并对整个小组完成邮寄任务而给予表扬。整个工作完成的视觉表征以拼图的形式呈现，这种形式证明此类学生对此具有明显的动机，因为他们都乐意看到拼图被完整拼好的最终结果。

尽管这个案例解释说明的是拼图设计如何结合结构化教学策略设计与支持发展职业性小组活动，但其内在的相同原理和策略可广泛适用于其他科目课程，用以设计和支持小组的活动。例如，萨拉的老师使用拼图的方法让萨拉完全参与制作运动会简报的班级活动当中（见第七章）。这项工作意味着萨拉被赋予了一个小组成员的角色，这个角色对于她所在的小组完成任务非常重要。分配给萨拉的任务是充分利用了萨拉的强项和兴趣，还能鼓励她与同伴进行沟通。书面文字指令和视觉提示也为萨拉提供了有意义的信息，支持她参与那些对她而言具有潜在压力的小组活动（见图7.35和图7.36）。

下面的案例是关于拼图设计与结构化教学如何支持蕾拉参与两节食品工艺课的小组活动。

案例研究

蕾拉，9岁，有孤独症且学习困难。她就读于一所主流小学的特教部，有部分课程可以融入主流班级。适宜蕾拉的结构化教学策略包括：在主流班级，靠近其他人的桌子，单独设有蕾拉的工作桌；使用半日式符号日程表；数字匹配的工作系统；视觉明晰任务中的重要信息，使用符号/文字指令。

由于蕾拉越来越适应融入主流班级，因此她的老师决定要支持她参加小规模的小组活动。在食品工艺课上，老师计划了2节系列课程，让同学们研究健康饮食，并计划为野餐篮子制作几道健康食品。全班被分成4人一组，每组要向全班展示他们为野餐篮子准备的食物。

通过拼图的方法设计课程，老师给每组成员都分配角色。给蕾拉分配的任务考虑到了她目前拥有的技能和喜好（蕾拉的妈妈说她每天早上喜欢做三明治的校餐）。这些任务对她的小组取得成功至关重要，这样才能产生相互依赖的团队关系，同伴也会不断地鼓励她。图9.7展示的是蕾拉小组的拼图设计。这个拼图可为蕾拉小组的成员提供视觉提醒，帮助她们在研究与制作健康野餐的任务中，了解每名成员在执行小组任务中的角色。

蕾拉在此次活动中的任务目标包括：（1）与2名同伴共享工作空间；（2）当切碎食物时，要与搭档（杰克）进行沟通；（3）参与向全班汇报，展示他们团队的成果。

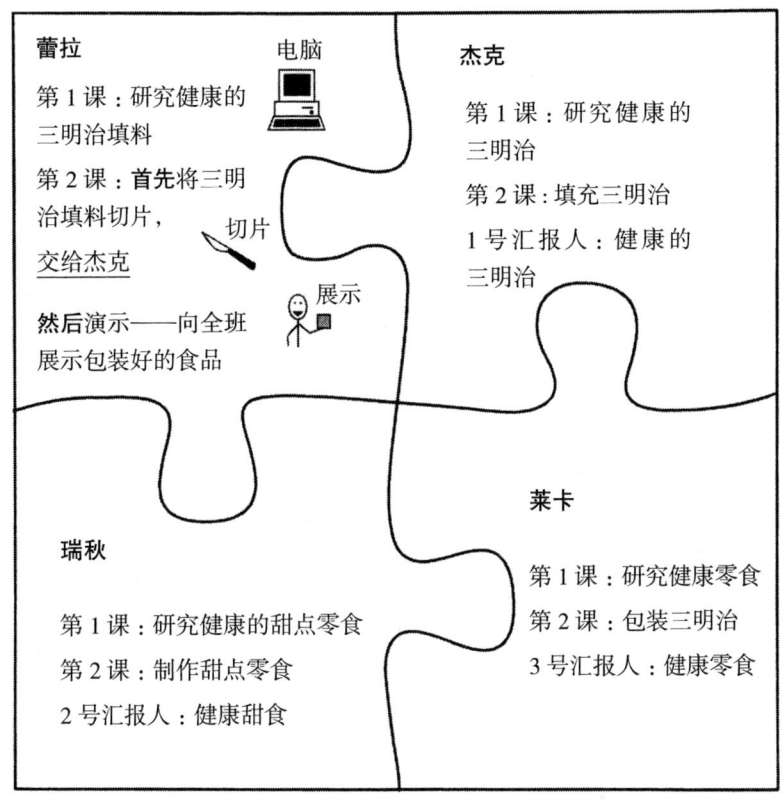

研究和制作健康野餐

图 9.7 食品工艺小组活动的拼图设计——蕾拉的小组

结构化教学策略提升了蕾拉的独立性，提供给她有意义的信息和指令，这些策略包括：

- 结构化的物理环境：
  - 第 1 课要用到的电脑，放置在紧邻杰克操作的独立电脑旁边。
  - 第 2 课，让蕾拉坐在小组工作桌桌角的位置，两边都留有空间；在汇报演示期间，让她坐在班级的外周边缘，靠近阅读角，当感觉高度焦虑时，她可以退避到阅读角。

- 日程表：
  - 使用符号/文字型日程表；有小组成员的照片和名字；课程结束后的活动是去她喜欢的安静的阅读角。
- 工作系统：
  - 第1课：数字编码的符号分别表示"看"、"选择2种填料"；定时器显示寻找健康填料所需要的时间；还有告知教师助理完成任务时所用的符号。
  - 第2课：从左到右进行组织安排——食物和工具放在左侧的篮子里，完成的盘子放在右边；由于小组工作对蕾拉更加有难度，因而这个系统要比蕾拉平时使用的系统简单一些。
  - 演示汇报：食物包装上标有数字，置于野餐篮子内，以便蕾拉向全班同学展示，之后再放回篮子。
- 视觉信息：
  - 第1课：使用符号/文字指令。
  - 第2课：对任务进行视觉明晰和组织，在用刀切食物时，视觉突出安全规则。
  - 演示汇报：在她们小组进行演示汇报期间，使用视觉提示（数字）向全班展示每样食品。
  - 当感到焦虑紧张时，也有视觉提示提醒她可以到阅读角去。

上述案例诠释了小组工作设计的方法，尽管小组工作对于ASD学生的课程融入常会带来特别的困难，但与此同时，参与小组工作又是谱系学生课程发展的重要部分。概括地说：

- 拼图设计法为小组成员分配角色，并建立成员间的相互依赖关系。

- 相互依赖关系促进了同伴与同伴间的相互鼓励。
- 按照个人的能力强项和兴趣分配任务。
- 结构化教学为个体提供熟悉的策略，支持他们参与小组工作。

请注意：由于小组工作常常会提高谱系障碍学生的焦虑水平，因此，结构化教学策略也需要适当调整以适应这种焦虑水平。比如，一个通常可以阅读文字指令的学生，在参与小组工作时，可能就需要额外的视觉符号给以支持。

控制焦虑对提升课程参与和融合至关重要。如果学生处于紧张和焦虑的情绪状态，会对课程融合造成障碍——任何人都无法在焦虑的情绪状态下进行学习。结构化教学策略对于减少焦虑非常重要，因为它可以增强个体的独立性，提高自尊水平。下面的案例说明的是结构化教学策略如何结合其他策略减少学生的焦虑，建立自信和独立，提高自尊和身心愉悦。

案例研究

控制担忧和焦虑的结构化的教学与策略

艾米丽，15 岁，就读于北卡罗来纳州一家非营利的学习中心，该中心设有小学部和中学部。中心适宜那些需要结构化与一致性的学习环境、需要正强化、开展多种运动活动，减轻紧张压力的儿童，中心采取多感官的学习方式进行补救性和挑战性的教学。尽管艾米丽不易受环境的影响而分心，但她经常沉浸在"担忧"和焦虑情绪之中，这会导致她不安与分心。艾米丽对结构化教学策略反应良好，使用的日程表和工作系统都能帮助她将注意力集中在"做什么"和"有多少"的事情上。表 9.5 呈现的是艾米丽的结构化策略。

表 9.5　艾米丽的结构化策略摘要

结构化的物理环境	个人的工作站。
日程表	文字型日程表，对每堂课的工作系统有文字说明。
工作系统	在可携带的夹板上呈现文字型工作系统。
视觉信息	图片/文字指令。 使用平板电脑中的演示程序。

前面的章节阐述过结构化策略如何帮助艾米丽集中注意力，变得更加独立，这些策略也鼓励她参与那些她原本抵制参加的课程活动。这些策略确实缓解了艾米丽的焦虑，与结构化教学联合实施的还有其他很多策略。

在良好的情绪状态下，艾米丽能够独立而自信地利用她的结构行事。不过，她依然会有担忧和焦虑的状况发生，尽管可以将她重新带回到安全的结构环境，但也需要考虑采用其他的策略让艾米丽保持身心愉悦。

视觉提示和放松策略

在艾米丽感到担忧、焦虑不安的时候，有时也会教艾米丽做一次放松练习。这其中包括挤压压力球、呼吸练习、做瑜伽、从事一项她喜欢的活动（给图案涂色）。混合使用的策略中包含了大量视觉提示和一篇视觉叙事，以提醒艾米丽运用策略保持镇静和放松。图 9.8 解释说明的是艾米丽可以独立遵照执行的放松练习程序，以视觉指令和提示的形式呈现。这个实例也说明了混合策略比单独使用一种策略的效果要更好一些。

保持冷静和放松可以让我身心健康和愉悦。做放松练习可以让我保持冷静。

首先，我可以挤压5次弹力球，1-2-3-4-5。

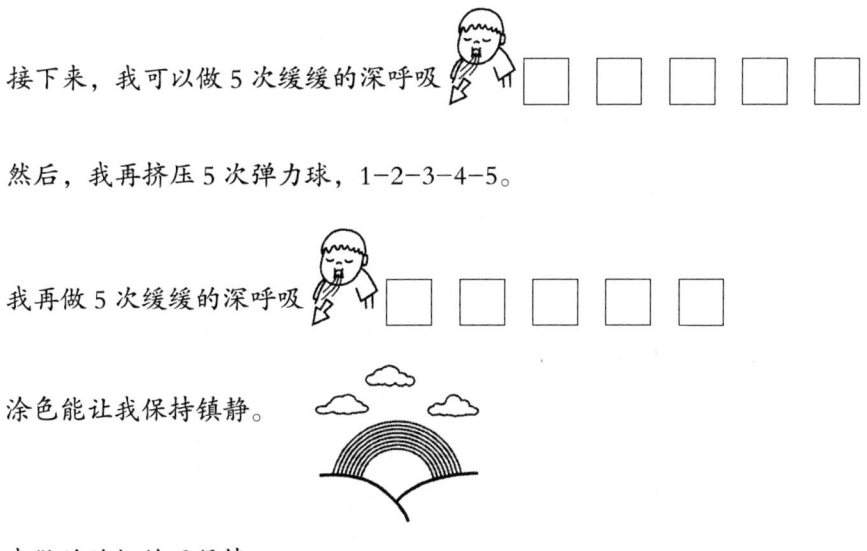

接下来，我可以做5次缓缓的深呼吸

然后，我再挤压5次弹力球，1-2-3-4-5。

我再做5次缓缓的深呼吸

涂色能让我保持镇静。

我做的放松练习很棒！

我很自豪，准备工作！

图9.8 放松练习

由于艾米丽学过一些瑜伽姿势，这些视觉呈现的瑜伽动作同样可以提醒她，可以经常运用这种策略帮助她保持平静（见图9.9）。

能否融入广泛的课程学习取决于个人的情绪稳定与身心健康。结构化教学策略与其他教导学生自我镇静的方法相结合，对于鼓励个体参与大量的课程学习至关重要。下面亚当的案例说明的也是结构化与其他策略的联合使用，用以减少焦虑对课程学习造成的障碍。

图 9.9 瑜伽动作清单

案例研究

亚当，15岁，有阿斯伯格综合征，就读于当地一所融合式主流中学，可以完全融合到学校各科课程的学习。适合亚当的结构化教学策略见表9.6。

表 9.6 亚当的结构化策略

结构化的物理环境	座位调整的计划,清晰的出口路线,校园地图突出显示楼群间的线路。
日程表	文字日程表与工作系统结合使用。学生助手管理器中含有日程表,现在学校的虚拟学习平台上也可以查看到日程安排。
工作系统	工作系统与日程表结合使用,在助手管理器和虚拟学习平台上都可获取到相关的信息。
视觉信息	书面文字指令和提醒,使用突出重点、图解等视觉明晰策略。

在学校的学习支持中心,亚当还有额外的支持性服务。那里的工作人员会预先教亚当学习一些新的概念和词汇,使他可以更容易地融入主流班级的教学。他们也在很多课程上提供视觉支持,在亚当感到焦虑的时候,也教给他自我控制的策略。例如,通过电子邮件给亚当传送文字指令,帮助他准备六年级的展示之夜汇报;如果他很焦虑的话,也有视觉提醒告知他采用的策略(见图 7.41)。

很多学生都会像亚当那样时常体验到焦虑,在广泛的学习环境里应用结构化策略,对所期望的事情提供有意义的信息,这样便可缓解他们的焦虑。亚当对学校虚拟学习环境的使用越来越娴熟,通过平板电脑可无障碍地融入其中。工作人员对此也给予鼓励,为的是他将来进入大学学习,使用平板电脑非但不会看上去不合适,反而会有助于促进他的融合。亚当在学业上表现良好,老师们相信他会成功地考上大学。不过,尽管在他有所准备和理解期望的情况下,焦虑水平会有某种程度的缓解,亚当仍会时不时地体验到高度的焦虑。工作人员担忧焦虑会对他未来获取成功造成阻碍,特别是由于他在异常焦虑的时候,仪式刻板行为也会增加,包括过度地清喉咙,偶尔用手掌敲击前额。下面的实例说明的是结构化策略如何与其他减轻焦虑的策略相结合,缓解学生的高度焦虑。

尽管亚当在学业学习上很成功，但由于他时常感到焦虑，且无法表达他内心的焦虑，这也给他的课程融合带来了阻碍。尤其是他对完成作业感到焦虑，部分原因在于他在研究某一任务作业时，很容易被其中超负荷的信息和细节所困扰。此外，当课程需要有较多的社会交往和沟通要求时，他也容易产生焦虑，比如全班在进行辩论的时候。最后，在缺少结构化的社交时段，如休息间歇，也容易增加他的焦虑。

尽管文字指令和提醒可以有效帮助亚当为所做之事做好准备和预期，但事情并不是总能预测的。随着亚当逐渐长大成人，他要面对的要求会更多，未来面对挑战也在所难免。学习支持中心的工作人员对亚当尝试使用了各种策略，目的是要确定哪一种策略让他感到更舒适，这样就可以在他焦虑的时候使用这种策略。这便形成了亚当所称呼的"焦虑清单和自信小提示"，内容包含如下：

1. **家庭作业**：亚当正在学习使用一种视觉化的思维导图应用程序（mind-mapping app），在研究某些主题时，可以应用此程序帮助他建构自己的观点和想法。结构化教学策略与思维导图工具的使用相结合，为亚当研究那个主题设定边界和时限（见图9.10）。支持中心安排了一位助理教师教导亚当的母亲如何使用思维导图应用程序和作业模板，这样，这种策略就可以在亚当做家庭作业时迁移使用。

2. **课堂上的社交与沟通要求**：亚当试过很多种感觉反馈工具，目的是要了解它们能否帮助他平复情绪。他选择了一款"变形玩具"（tangle-toy，亚当称其为"变形器"）。当亚当在课堂感觉有压力的时候，可以用手指来回扭转变形玩具。这一策略可让亚当的情绪保持平静，进而支持他使用视觉支持的策略，提醒他有关社交和对话时需要注意的规则和技能。对这种感觉工具采用一个小图标加以说明，该图标在亚当的助手管理器以及学校虚拟学习环境主页上都会显示；日程表上也有文字提醒："记住，如果感到焦虑，使用变形器。"

作业：科目和主题		时间分配	√
第1步 **首先我需要……**	研究这个主题	20分钟	
第2步 **然后**	选择一个思维导图模版	5分钟	
第3步 **然后**	把第一个观点放入思维导图模版	5分钟	
第4步 **最后**	添加观点，使用彩色编码的分支图显示观点之间的联系	15分钟	
保留已完成的思维导图，并在接下来的课程中使用。 当我完成作业后，我会选择一项休闲活动。			

图 9.10 建构作业观点的视觉化模版

3. **课堂上的社交与沟通要求**：如果变形玩具不能帮助亚当保持平静，还可以给他提供一种视觉化的沟通策略，这种策略与结构化教学的视觉支持可以很好地搭配使用。亚当的平板电脑上装有"神奇五级量表"应用程序（Buron, Curtis, 2003），他已对此工具进行了个性化处理，使用五步骤的文字日程表达焦虑水平（见图 9.11）。借助交通信号灯帮助亚当表达他的感受，亚当能够挑选出他现在的感受处于何种水平，并将它显示在平板电脑屏幕的一角，这样便可提醒大人给他减压，这种方式也并不要求他用口语表达他的情绪感受。提醒亚当可以使用应用程序的书面文字，如同"变形玩具"的策略一样，都呈现在他的管理器当中（见图 9.12）。

4. **缺少结构化的休息时间**：为了建立亚当的自信心，休息时间他被指定为比利小同学的玩伴。比利同样也有阿斯伯格综合征，且有阅读障碍。需要为亚当提供"做玩伴"的规则，因为他每周有两次休息时间要与比利一起玩。一次是下棋，这是他俩共同的爱好；另一次是亚当要听比利读书。要完成这项工作，需要给两个男孩提供清晰的视觉规则与支持。

		我的感受如何？	我能做什么？
5（红色）	惊恐！	我感到惊恐，我情绪失控，我可能要开始说脏话	在平板电脑上显示数字5（红色）；将红色卡片放在桌子上，去到安全的地方（融合中心）
4（琥珀色/红色）	我很焦虑	我有点冒汗 我头疼 我困惑	在平板电脑上显示数字4（琥珀色/红色）；要求休息一会儿
3（琥珀色）	我担忧	我还是紧张不安，我担忧，不知道做什么，也无法听进指令	在平板电脑上显示数字3琥珀色；深呼吸，挤压压力球
2（绿色/琥珀色）	我有一点焦虑	我很困惑	慢慢呼气、吸气；在平板电脑上显示焦虑数字2；请求老师助理给以帮助
1（绿色）☺	我感觉很好	放松和平静	在平板电脑上显示绿色数字1和笑脸

图 9.11 神奇五级量表

在图 9.11 中，亚当的策略"清单"也合并了如下策略：包含视觉思维导图应用程序在内的视觉结构与支持；感觉策略，神奇五级量表和沟通工具；建立自信的玩伴角色。

焦虑清单　自信小提示

记住：检查我的日程表，阅读我的指令。我可以使用我的管理器或平板电脑。

家庭作业：使用作业模版和思维导图设计我的工作。

课堂焦虑：使用变形玩具。如果我还是感到焦虑，就使用我的焦虑量表。

建立自信：做比利的好玩伴——第一个休息活动是下棋，第二个是听比利读书。

图 9.12　减轻焦虑的文字提示策略

这些策略完美地组合在一起，为亚当的学业提供了有效支持。或许更重要的是，帮助亚当运用策略控制了他的焦虑情绪，建立了他的自信心。亚当"清单"的这个实例很好地向我们展示了多种策略的结合，其中，结构化教学法提供的是一个架构，围绕这个架构，亚当、工作人员以及家长可以挑选使用其他不同的策略。

本章小结

人们普遍认为：没有哪一种单一的方法可以满足孤独症谱系障碍者的各种学习需要。正如琼斯等人（Jones et al., 2008）所解释的那样：

> 考虑到谱系内部及个体之间所存在的差异，没有哪一种单一的教育干预可以对所有的孤独症谱系儿童都有效，也没有哪一种单一的干预，就其本身而言，可以充分地满足某一特定孤独症谱系儿童的所有需要。

（p.15）

ASD学生的课堂教育形式不拘一格，这并不令人惊奇。无论在特殊还是融合的教育环境中，老师们都会针对不同的学生，根据他们的需要来挑选不同的教育干预方法。结构化教学为这种不拘一格的教育实践提供了有益框架。这个框架具有灵活的变通性，对个体的需要及优势给予响应和考虑，为ASD学生提供有意义的结构，因而提升了他们的学习效果和对课程的融合与参与。不过，在这种结构化的框架下，其他的策略方法也可以根据学生的个体需要和优先考虑而结合使用。如此，结构化教学不仅为每个人的发展提供了坚实基础，也可以进行个别化的调整，满足每位ASD人士的独特学习需要，使其从中受益。

参考书目

American Psychiatric Association (2013) *Diagnostic and Statistical Manual of Mental Disorders*, 5th edn (*DSM-5*). Washington, DC: American Psychiatric Association.
Bondy, A.S. and Frost, L.A. (1994) 'The Picture Exchange System', *Focus on Autistic Behaviour* 9(3), 1–19.
Buron, K.D. and Curtis, M. (2003) *The Incredible 5-Point Scale*. Overland Park, KS: Autism Asperger Publishing Co.
Charman, T., Pellicano, L., Peacey, L., Peacey, N., Forward, K. and Dockrell, J. (2011) *What is Good Practice in Autism Education?* London: AET.
Cumine, V., Dunlop, J. and Stevenson, G. (2010) *Asperger Syndrome: A Practical Guide for Teachers*. Oxford: Routledge.
Department for Education (2013) *National Curriculum in England: Framework for Key Stage 1 to 4*. London: DfE.
DfES (2002) *ASD – Guidance from the Autism Working Group*. London: DfES.
Frith, U. (1989) *Autism: Explaining the Enigma*. Oxford: Blackwell.
Grandin, T. (1995) *Thinking in Pictures and Other Reports from my Life with Autism*. New York: Doubleday.
Gray, C. (2010) *The New Social Story Book*. Arlington: Future Horizons.
Greenspan, S. and Wieder, S. (2006) *Engaging Autism: Using the Floortime Approach to Help Children Relate, Communicate and Think*. Cambridge, MA: DaCapo Press.
Hewett, D., Firth, G., Barber, M. and Harrison, T. (2011) *The Intensive Interaction Handbook*. London: Sage.
Howley, M. and Rose, R. (2003) 'Facilitating Group Work for Pupils with Autistic Spectrum Disorders by Combining Jigsawing and Structured Teaching', *Good Autism Practice* 4(1), 20–25.
International Baccalaureate [online] *Access and Advancement*. Available at: www.ibo.org/accessandadvancement/ (accessed 3 April 2014).
International Primary Curriculum [online] *IPC Learning Goals*. Available at: www.greatlearning.com/ipc/the-ipc/ipc-learning-goals (accessed 3 April 2014).
Jones, G., English, A., Guldberg, K., Jordan, R., Richardson, P. and Waltz, M. (2008) *Education Provision for Children and Young People on the Autism Spectrum Living in England: A Review of Current Practice, Issues and Challenges*. London: Autism Education Trust.
Jordan, R. (1999) *Autistic Spectrum Disorders: An Introductory Handbook for Practitioners*. London: David Fulton.
Jordan, R. (2005) 'Autistic Spectrum Disorders'. In Lewis, A. and Norwich, B. (eds) *Special Teaching for Special Children*. Maidenhead: Open University Press/McGraw-Hill, pp. 110–22.
Mesibov, G.B., Adams, L.W. and Klinger, L.G. (1997) *Autism: Understanding the Disorder*. New York: Plenum Press.
Mesibov, G.B., Shea, V. and Schopler, E. (2005) *The TEACCH Approach to Autism Spectrum Disorders*. New York: Springer.

Prizant, B., Wetherby, A., Rubin, E., Laurent, A. and Rydell, P. (2005a) *The SCERTS Model: A Comprehensive Educational Approach for Children with Autism Spectrum Disorders: Program Planning and Intervention Volume 1 Assessment.*

Prizant, B., Wetherby, A., Rubin, E., Laurent, A. and Rydell, P. (2005b) *The SCERTS Model: A Comprehensive Educational Approach for Children with Autism Spectrum Disorders: Program Planning and Intervention Volume 2 Intervention.*

Rogers, S. and Dawson, G. (2010) *Early Start Denver Model for Young Children with Autism: Promoting Language, Learning & Engagement.* New York: Guilford.

Rose, R. and Howley, M. (2007) *Practical Guide to Special Educational Needs in Inclusive Primary Classrooms.* London: Sage.

Sainsbury, C. (2000) *Martian in the Playground.* Bristol: Lucky Duck.

Schopler, E., Mesibov, G. and Hearsey, K. (1995) 'Structured Teaching in the TEACCH System'. In Schopler, E. and Mesibov, G. (eds) *Learning and Cognition in Autism.* New York: Plenum, pp. 243–268.

Wing, L. and Gould, J. (1979) 'Severe Impairments of Social Interaction and Associated Abnormalities in Children: Epidemiology and Classification', *Journal of Autism and Childhood Schizophrenia* 9, 11–29.

Wolff, S. (1998) 'Schizoid Personality in Childhood: The Links with Asperger Syndrome, Schizophrenia Spectrum Disorders and Elective Mutism'. In Schopler, E., Mesibov, G.B. and Kunce, L.J. (eds) *Asperger Syndrome or High-functioning Autism?* New York: Plenum Press, pp. 123–142.

World Health Organisation (WHO) (1992) *The ICD-10 Classification of Mental and Behavioural Disorders: Diagnostic Criteria for Research.* Geneva: WHO.

译后记

能够与 TEACCH 结缘，可以说是我人生和学术生涯中一段幸运而重要的逸事。人生最大的幸运或许莫过于有人可以给你指引，帮助你发现并成长为更好的自己！感恩生命中过往出现的这些人与事！

记得 25 年前，还在读教育心理学研究生的我，因为碰巧攻读的是差异心理学方向，因而有缘接触到各类特殊儿童及特殊教育。而指引我走向学术之路的，不仅有我的恩师——张宁生教授和其他专业导师，还有一个孤独症儿童的家庭——那个可爱俊美的 4 岁孤独症男孩冬冬和他的祖父孙敦科教授，是他们不断引领我，将我带入一个陌生的、神秘的孤独症领域。现在回想起来，那时的我完全没有孤独症的相关知识，也没有觉得孩子有什么异常。作为冬冬的家庭教师，我更多的是给他讲故事，陪他在家里和校园玩耍。这种相处反而让我在其中感受到了小朋友带给我的乐趣和对未来家庭的憧憬。冬冬一家后来移民澳洲，这段美好的家教经历也留在了我的记忆中。

1994 年研究生毕业后，我留校任教。为了筹建特殊教育专业，学院有意安排我进入一所特殊教育学校工作见习半年以增加临床实践经验，这便有了我与大连市沙河口区启智学校的缘分，这段短暂而难得的基层特殊教育实践工作经历也常让我津津乐道。在那段日子里，除了给智障班学生上一门课以外，我还亲身见证和辅助东北地区第一个孤独症教育实验班的成立，并与实验班的教师和最初入学的几个孤独症学生的家庭建立了密切的情感联系。同年，我加入了北京市孤独症儿童康复协会大连地区家长联谊会，在不知不觉中我已走进了孤独症这个圈子。

1995 年，我更是有幸参与了由孙敦科教授主持的《孤独症及相关发育障碍儿童用心理教育量表（PEP）跨文化修订》科研项目，而 PEP 量表正是由 TEACCH 总部的创立者埃里克·邵普勒（Eric Schopler）教授及其团队研发的重要评估工具。中文版 C-PEP 量表的跨文化修订由辽宁师范大学孙敦科教授联合北京大学第六医院的杨晓玲教授，依托北京市孤独症儿童康复协会的大力支持，集合了心理、教育、精神医学、外语等不同学科领域的专业人员组成跨学科团队，在引进、修订、消化、应用、创新的道路上经历了二十年左右的时间，创建了符合中国文化特征并建有本土化常模资料的跨文化测量工具，填补了我国孤独症儿童发展评估的空白。我也一路伴随中文版 C-PEP 量表的研究走过了二十多个春夏秋冬。令人遗憾的是，虽然我们团队与埃里克·邵普勒教授生前一直保持通信联系，但始终没能促成他的中国之行。

幸好我们于 2015 年 9 月邀请到埃里克·邵普勒教授的同事和挚友，也是 TEACCH 总部的后继执行主任加里·麦西博夫（Gary Mesibov）教授来北京讲学，弥补了此前的遗憾。麦西博夫教授全方位系统地就 TEACCH 的历史背景、孤独症文化理念、结构化教学、评估工具、TEACCH 的核心价值、行为管理以及面向成人期的过渡服务等内容做了主题演讲报告。作为此次高端培训的学习者，我的收获满满。讲学期间，加里·麦西博夫教授也对我们修订的中文版 C-PEP 量表的测试工具及相关情况进行了深入问询，并对我们的研究工作给予了积极的评价。华夏出版社编辑、我的学生刘娴女士也积极地与加里·麦西博夫教授进行沟通，希望能进一步引进有关 TEACCH 在教育教学中的最新成果，并初步达成意向，这才有了今天这本译著的问世。

本书的翻译主要由我和我的研究生曾刚共同完成，其中由我翻译的章节有第一、二、三、四、五章和第八、九章，曾刚翻译了第六、七章，全书由我进行统校。由于我们是首次翻译国外专业著作，经验不足，译著一定难免存有一些问题与不足，敬请广大读者朋友给以批评指正。

在天命之年收获这本译著，也算是上天对我的馈赠与鞭策。岁月流转，情怀依旧。感恩生命中的过往经历，感恩父母与家人给予的爱与支持，更感恩那些特殊的生命给予的成就与感悟。

是为记！

于松梅
2018 年 5 月于辽宁师范大学

图书在版编目（CIP）数据

孤独症谱系障碍学生课程融合：应用 TEACCH 助力融合教育：第 2 版 / (美)加里·麦西博夫(Gary Mesibov)，(美)玛丽·霍利(Marie Howley)，(美)西格妮·纳福特(Signe Naftel)著；于松梅，曾刚译. --北京：华夏出版社，2019.8（2023.4 重印）

书名原文：Accessing the Curriculum for Learners with Autism Spectrum Disorders: Using the TEACCH programme to help inclusion 2nd Edition

ISBN 978-7-5080-9497-7

Ⅰ. ①孤… Ⅱ. ①加… ②玛… ③西… ④于… ⑤曾… Ⅲ. ①孤独症—儿童教育—特殊教育 Ⅳ. ①G766

中国版本图书馆 CIP 数据核字(2018)第 112318 号

Copyright © Taylor & Francis LLC, 2016
ISBN 978-0-415-72820-1

Authorised translation from English language edition published by Routledge, an imprint of Taylor & Francis Group LLC. All Rights Reserved. 本书原版由 Taylor & Francis 出版集团旗下 Routledge 出版公司出版，并经其授权翻译出版。版权所有，侵权必究。

Huaxia Publishing House is authorized to publish and distribute exclusively the Chinese (Simplified Characters) language edition. This edition is authorized for sale throughout Mainland of China. No part of the publication may be reproduced or distributed by any means, or stored in a database or retrieval system, without the prior written permission of the publisher. 本书中文简体翻译版授权由华夏出版社独家出版并限于中国大陆地区销售。未经出版者书面许可，不得以任何方式复制或发行本书的任何部分。

Copies of this book sold without a Taylor & Francis sticker on the cover are unauthorized and illegal. 本书封面贴有 Taylor & Francis 公司防伪标签，无标签者不得销售。

图片沟通符号©1981-2014 由版权所有者 DynaVox Mayer-Johnson LLC. 授权使用 Widgit 符号©Widgit 软件公司版权所有 2002-2015 www.widgit.com。

北京市版权局著作权合同登记号：图字01-2016-6052号

孤独症谱系障碍学生课程融合（第 2 版）

作　　者	［美］加里·麦西博夫　［美］玛丽·霍利　［美］西格妮·纳福特
译　　者	于松梅　曾　刚
责任编辑	刘　娲
出版发行	华夏出版社
经　　销	新华书店
印　　装	三河市少明印务有限公司
版　　次	2019 年 8 月北京第 1 版 2023 年 4 月北京第 2 次印刷
开　　本	720×1030　1/16 开
印　　张	15
字　　数	198 千字
定　　价	59.00 元

华夏出版社　地址：北京市东直门外香河园北里 4 号　　邮编：100028
　　　　　　　网址：www.hxph.com.cn　电话：（010）64663331（转）

若发现本版图书有印装质量问题，请与我社营销中心联系调换。